BusinessVillage

flügel AM KOPF

Wolfgang Traub

Das Kreativitätstraining für Nicht-Kreative

BusinessVillage

Impressum

Wolfgang Traub
flügel AM KOPF
Das Kreativitätstraining für Nicht-Kreative
1. Auflage 2013

Bestellnummern
ISBN 978-3-86980-207-7 (Druckausgabe)
ISBN 978-3-86980-208-4 (E-Book, PDF)

Direktbezug unter www.businessvillage.de/bl/914

Bezugs- und Verlagsanschrift
BusinessVillage GmbH
Reinhäuser Landstraße 22
37083 Göttingen
Telefon: +49 (0)5 51 20 99-1 00
Fax: +49 (0)5 51 20 99-1 05
E-Mail: info@businessvillage.de
Web: www.businessvillage.de

Layout und Satz Sabine Kempke

Covergestaltung Mara Traub, Wolfgang Traub

Grafiken + Illustrationen im Buch
Wolfgang Traub, www.charactericon.de

Druck und Bindung
Hubert & Co GmbH und Co KG, Göttingen

Inhalt

Über den Autor

Wolfgang Traub wurde 1956 in Frankfurt/Main geboren und musste sechzehn Jahre auf seinen ersten kommerziellen Illustrationsauftrag warten. Seit mehr als dreißig Jahren lebt er nun vom Zeichnen, Malen und Schreiben. Von Karikaturen, Illustrationen, Cartoons, Werbeaufträgen, ein paar Büchern, Seminaren, der Organisation von Events und kreativen Beratungen.

Kreativität on demand also.

Fast genauso lange verfolgt er die Erforschung der Kreativität und liest Kreativitätsratgeber. Dabei musste er erkennen, dass die Darstellungen, was Kreativität eigentlich ist und wie sie genutzt werden kann, recht eingleisig und mit Mythen behaftet sind – in der täglichen Praxis sieht einiges anders aus.

In diesem Buch stellt Wolfgang Traub nun seine Sicht und Erfahrung dar – in einem Buch, das direkt aus der Praxis für die Praxis geschrieben wurde.

Sie erreichen den Autor unter: mail@wolfgangtraub.de

Werfen Sie auch einen Blick auf: www.fluegel-am-kopf.de

Prolog

Eine südenglische Firma war seit ihrer Gründung 1819 zu einem bedeutenden Hersteller von Weidenkörben aller Art geworden. In den 1950ern ging es jedoch mit dem Geschäft bergab. Der Seniorchef, ein eingefleischter Unternehmer, verbrachte Stunden um Stunden vor dem Kamin seines Landsitzes, tief in Gedanken, wie er die Firma retten könnte. Eher gedankenlos spielte er dabei mit verkohlten Weidenstückchen, die er zum Anfeuern verwendet hatte, und stellte fest, dass diese einfachen Holzkohlen sehr unterschiedliche Eigenschaften zeigten. Sein Interesse war geweckt und er begann zu experimentieren. 1970 begann die Vermarktung der Zeichenkohle, heute gilt die Marke Coates als qualitativ führend und die Firma macht, trotz einem Revival des Geschäfts mit Weidenprodukten, zwei Drittel ihres Umsatzes mit dieser Zeichenkohle …

1971 erlangte der asiatische Staat Bangladesch seine Unabhängigkeit. Fast ausschließlich im Deltabereich des Indus und des Ganges gelegen, litt das Land nicht an Wassermangel, sondern an Wasserüberfluss in Form von regelmäßigen, ausgedehnten Überschwemmungen, die bevorstehende Ernten wieder vernichteten. Abhilfe brachte eine unerwartete Lösung, und zwar der Aufbau eines Bewässerungssystems, welches in der überschwemmungsfreien Zeit einen vollständigen Anbauzyklus und damit sicheren Ertrag ermöglichte …

Dieser Versuch sollte Aufschluss über die Intelligenz eines Schimpansen geben: An der Decke des Raumes waren einige Bananen als Lockmittel befestigt, im Raum verteilt befanden sich mehrere Holzkisten unterschiedlicher Größe. Die Frage war, ob der Affe auf die Idee kommen würde, die Kisten aufeinander zu stellen, um mithilfe dieses Turms die Bananen zu erreichen.

Als der Forscher das Tier in den Versuchsraum brachte, zeigte der Schimpanse spontan, dass er zu weit besseren Ideen befähigt war: er kletterte an dem Forscher hoch und erbeutete die Bananen in Windeseile …

Drei unterschiedliche Geschichten mit einem gemeinsamen Nenner: eine durch und durch kreative Lösung, die unabhängig von Intelligenz und Bildung in kürzester oder längerer Zeit gefunden wurde.

Um diese Dinge geht es in diesem Buch.

1.
Was Sie über Kreativität wissen sollten

1.1 Einführung

Wie Sie Kreativität erfolgreich vermeiden können

Kreativität steht hoch im Kurs, aber kreativ zu sein, nur um kreativ zu sein, das ist wirklich Unsinn. Das Rad ist nun einmal schon erfunden, wozu es neu erfinden? Daher können Sie ruhig die Kreativität meiden, wo es nur geht.

Handeln Sie daher ausschließlich nach Anweisungen, die Sie minutiös und buchstabengetreu ausführen. Folgen Sie zuverlässig allen Gewohnheiten, Regeln und Vorschriften und vermeiden sie jegliche Abweichung von einer Routine. Eigeninitiative ist hierbei gefährlich und unbedingt zu verweigern. Brechen sie jeden Auftrag ab, der nicht im gewohnten Rahmen durchzuführen ist. Lassen Sie sich von äußeren Einflüssen weder irritieren noch ablenken. Weichen Sie unter keinen Umständen von gewohnten und bewährten Wegen ab.

Vor allem aber: Überschreiten Sie nie die Grenzen der Gewohnheit oder Routine – nicht im Denken und nicht im Handeln!

Wenn Ihr Navi Sie in einen Fluss schickt oder eine Baustelle den gewohnten Weg zur Arbeit blockiert, warten Sie auf Hilfe und Anweisungen, Ihre Geduld wird belohnt werden. Stromausfälle, hängengebliebene Rechner und plötzliche Krankheitsfälle unverzichtbarer Mitarbeiter sind eindeutige Aufforderungen, die Arbeit sofort einzustellen und abermals auf Hilfe und Anweisungen zu warten.

Kurz gesagt: Wenn Ihr Umfeld verrücktspielt, dann brauchen Sie es lange noch nicht ebenfalls tun.

Unglücklicherweise haben Ihre – und auch meine – Vorfahren diese Dinge nicht beherzigt. Unglücklicherweise, weil wir dadurch gezwungen sind, Steuererklärungen abzugeben, Navis und Computer upzudaten, Termine einzuhalten und unvergessliche Urlaube zu planen – ohne unsere unverantwortlichen Vorfahren würden wir jetzt immer noch hoch über der afrikanischen Steppe in einer Baumkrone sitzen und unser Fell kratzen …

1.2 Sie sind kreativ – ob Sie es wollen oder nicht

Die Hirnforschung hat es schon lange bestätigt: Kreativität ist keine erst mühsam zu erlernende Technik wie Yoga, Business English oder Tango tanzen. Kreativität ist eine angeborene Fähigkeit, ein Potenzial, das in jedem Menschen bereitsteht, fest in unser Denken integriert ist und zur Bewältigung des Lebens von jedem in der einen oder anderen Form genutzt wird.

Sie sind serienmäßig mit Kreativität ausgestattet.

Sie sind kreativ, wenn Sie:

- einen Terminplan aufstellen,
- eine Feier, eine Sitzung oder eine Veranstaltung organisieren,
- Ihre Wohnung, Ihr Büro oder Ihren Garten gestalten,
- einen Vortrag schreiben oder eine Präsentation vorbereiten,
- einen Plan machen oder eine Wegbeschreibung erstellen,
- wenn Sie eine Entscheidung treffen und dabei die möglichen Alternativen betrachten.

Sie sind ebenfalls kreativ, wenn Sie:

- eine Bierflasche mit dem Feuerzeug öffnen,
- die Zigarette am Toaster anzünden, weil Ihre Streichhölzer alle sind,
- einen Spitznamen erfinden,
- mit einer Metapher oder einem Vergleich argumentieren,
- Weihnachtsgeschenke aussuchen.

Sie sind kreativ, selbst wenn Sie Auto fahren: Um auf eine Autobahn aufzufahren und sich in den fließenden Verkehr einzureihen, müssen Sie sich ein Bild von der Verkehrssituation machen. Ein Bild kreieren …

Und falls Sie tatsächlich alle diese Dinge noch niemals gemacht haben: In der Königsdisziplin der Kreativität werden Sie sich geübt haben: in der hohen Kunst der Ausrede …

Auch Sie nutzen Ihre Kreativität, Sie können gar nicht anders.

Jeder ist kreativ. Die Kreativität ist weder ein Monopol noch ein Privileg der Künstler und PR-Profis. Auch als Richter, Controller, Buchhalter oder als Verkäufer, Vertreter, Finanzdienstleister benötigen Sie Kreativität und nehmen diese in Anspruch, um Ihre Aufgaben zu meistern. Selbst um einen einfachen Text zu schreiben, einen Bericht, ein Protokoll oder ein Positionspapier brauchen Sie Kreativität – sogar eine ganze Menge!

Natürlich können Sie Ihre Kreativität ausbauen, steigern, regelmäßig üben oder gar gezielt trainieren – das Potenzial dazu ist bereit und Sie müssen sich nur dafür entscheiden. Dieses Buch zeigt Ihnen, dass Kreativität etwas Alltägliches ist. Es zeigt Ihnen die vielfachen Verkleidungen, unter denen die

Kreativität ständig präsent ist, und es zeigt Ihnen, wie Sie Ihre Kreativität beständig steigern können.

Auf der anderen Seite zeigt Ihnen dieses Buch, wie Sie sich ohne Not Grenzen setzen, die ein kreatives Vorgehen behindern. Grenzen, die Sie nur zu überschreiten brauchen, um das mächtige Potenzial der Kreativität zu nutzen.

Mit einem bewussten Zugang zu Ihrer Kreativität können Sie den Spielraum, der sich aus begrenzten Möglichkeiten oder einschränkenden Vorgaben ergibt, optimieren und gänzlich ausschöpfen. Sie können komplexe Zusammenhänge besser überschauen und finden bei schwierigen Entscheidungen leichter sinnvolle Alternativen. Sie können sich leichter vom Gewohnten und Immer-da-Gewesenen lösen, die – oft selbst gezogenen – Grenzen der Gewohnheit und Routine bewusst überwinden, Abläufe dabei optimieren oder neue Strategien und Produkte entwickeln. Kreativität ist die Voraussetzung, um durch Innovationen die Nase vorn zu haben.

> Beachtliche Kreativität kann sich selbst dort zeigen, wo sie am wenigsten erwartet wird: in den deutschen Amtsstuben. Allein die Einführung der „Großvieheinheit", eines Maßes zur Quantifizierung des landwirtschaftlichen Viehbestandes (eine GVE entspricht einer Kuh, ein Schwein hat einen entsprechend kleineren Wert) ist beeindruckend. Hinter „wesentlichem Bestand" verbergen sich herkömmliche Sträucher und eine „nicht-lebende Einfriedung" ist ein Zaun. Und was ist ein „raumübergreifendes Großgrün"? Ein Baum. Hut ab!

Warum das so ist, wird verständlich, wenn wir uns das menschliche Gehirn etwas näher anschauen, um der Funktion der Kreativität auf den Grund zu gehen.

1.3 Kreativität – eine ganz normale Dienstleistung

Wir sprechen hier nicht über kreative Hobbys wie gekonntes Aquarellieren und ästhetische Blumengestecke – hier geht es um den Alltag, um unsere Karriere und unsere Durchsetzung.

Um den Sinn und Zweck der Kreativität zu verstehen, werfen wir einen kurzen Blick auf das menschliche Gehirn.

Wer auch immer den Menschen konstruiert hat, sorgte für dessen erfolgreiche Durchsetzung auf diesem Planeten. Dabei setzte unser Konstrukteur nicht auf die bewährten Bauteile der Evolution, wie etwa Krallen, Fangzähne und giftige Stacheln, sondern er konzentrierte sich auf das Hirn.

Als einziges Lebewesen sind wir in der Lage, komplexe und angepasste Strategien zu entwickeln und die nötigen Mittel zu erdenken, diese zu realisieren. Und damit auf jede neue Herausforderung flexibel zu reagieren.

Der Geniestreich in der Konstruktion unseres Gehirns ist die Doppelstruktur unseres Denkapparates. Das Großhirn – Ihres, meines und das aller anderen Menschen – besteht aus zwei Teilen, die leistungsfähig miteinander verkabelt sind. Diese sind auf unterschiedliche Aufgabenstellungen spezialisiert, und zwar – wie könnte es anders sein? – die eine für das logische und die andere für das kreative Denken. Wir verfügen damit über zwei parallel arbeitende Dienstleistungszentren, die auf unterschiedliche Lösungsansätze spezialisiert sind. Sie ergänzen sich gegenseitig, sind erstklassig aufeinander abgestimmt und machen durch ihr Zusammenwirken gedankliche Höchstleistungen überhaupt erst möglich.

Die linke Hälfte Ihres Großhirns verarbeitet und verwaltet bereitwillig präzise Daten, Definitionen und Diagnosen. Sie ist der Standort aller logischen Denkprozesse, ihr Ziel ist eine einzige und optimale Lösung. Die rechte dagegen befasst sich mit allen vielschichtigen, komplexen und nicht präzise definierbaren Daten und prüft mögliche Zusammenhänge. Vor allem aber verwaltet und verarbeitet sie die riesige Datenflut unserer Wahrnehmungen und stellt Daten bereit. Ihr Ziel ist ein umfassendes Angebot alternativer Lösungen.

Eine anschauliche Vorstellung von den beiden Hirnhälften bekommen Sie, wenn Sie sich Ihren Denkapparat wie einen Fotoapparat vorstellen. Dieser benötigt ebenfalls, abhängig von der Situation, zwei unterschiedliche Objektive: das Teleobjektiv, mit dem Sie – selbst in der Ferne – klar und gezielt fokussieren können, und den Weitwinkel, um einen möglichst weit gefassten Überblick zu erzielen.

Die Logik, das Teleobjektiv unseres Denkens, ist bestrebt, eine einzige, nachvollziehbare und präzise Lösung zu entwickeln. Das Weitwinkel-Denken unserer Kreativität dagegen durchstreift die Vielfalt unserer Erfahrungen und Wahrnehmungen, um neue, uns noch nicht bekannte Alternativen aufzuzeigen.

Die Kreativität hat also einen festen Platz in unserem Gehirn. Im folgenden Kapitel werden wir uns eingehend mit den Aufgaben der Logik und der Kreativität beschäftigen.

Tipp: Kreativität ist auch eine Übungssache und besonders in Kleinigkeiten können Sie Ihre Kreativität üben. Wenn Sie einen Einkauf tätigen, zum Friseur gehen wollen oder das Auto zur Inspektion muss und Sie unterwegs noch weitere Erledigungen abhaken wollen, dann legen Sie sich zuerst mindestens drei alternative Pläne zurecht und wählen anschließend den besten aus. Bei Absprachen mit Kollegen oder Kunden schadet es nicht, mehrere Strategien zur Auswahl parat zu haben. Und eine effiziente Terminplanung ist ohne Kreativität kaum denkbar.

1.4 Kreativität und Logik – unter die Lupe genommen

In diesem Kapitel wollen wir Kreativität vorläufig definieren, Logik und Kreativität detailliert einander gegenüberstellen und die Charakteristika des logischen und des kreativen Denkens vergleichen.

Es mag Zufall sein oder eben gerade nicht: eine logische, präzise Definition der Kreativität ist bis heute nicht gefunden. Beliebt, im Kern zutreffend und löblich kurz ist die Definition:

Kreativität ist: etwas Neues schaffen.

Allerdings lässt diese Begriffsbestimmung viel zu wünschen übrig. Treffender ist die Definition des Kreativitätsforschers Rainer Matthias Holm-Hadulla, Professor für Psychosomatische Medizin und Psychotherapie an der Universität Heidelberg:

Kreativität ist die Neukombination von Informationen.

Auch diese Formulierung kann in ihrer Kürze und Prägnanz nicht alle Eventualitäten abdecken – wenn Sie Ihren Flug verpassen, weil auf dem Weg zum Flughafen das Benzin ausgeht, werden auch Informationen neu kombiniert. Das ist aber noch lange nicht kreativ, sondern einfach nur ärgerlich.

Eine dritte Definition, die uns weiterbringt, stammt von dem amerikanischen Forscher, Publizisten und Professor für Psychiatrie Arthur Deikman. Er wurde 1929 in New York geboren, studierte in Harvard zunächst Physik, später Mathematik und wechselte schließlich zur Psychiatrie und wurde zu einem viel beachteten Publizisten. In Bezug auf die Hirnhälften- beziehungsweise Hemisphären-Theorie, für die Roger Sperry 1981 den Nobelpreis verliehen bekam, argumentierte Deikman, dass jede Hirnhälfte über einen eigenen, spezifischen Denkstil verfüge. Die logisch agierende linke Hirnhälfte übe einen „instrumentalen" Denkmodus aus, die – vor allem für Emotionen und Kreativität zuständige – rechte Hirnhälfte denke dagegen rezeptiv, also wahrnehmend.

Die Existenz zweier Denkstile und der Wechsel zwischen diesen erscheint mir sehr gut nachvollziehbar.

Eine wirklich verständliche und greifbare Definition erhalten wir erst, wenn wir die Kreativität als kreativen Prozess beschreiben. Dann bedeutet Kreativität:

1. beobachten, wahrnehmen und Potenziale erkennen,
2. geeignete Potenziale neu kombinieren und
3. diese Kombinationen logisch auf ihre Realitätstauglichkeit überprüfen.

Vor diesem Hintergrund werden wir jetzt noch einmal Kreativität und Logik vergleichend nebeneinander stellen.

Ziel der Logik ist eine einzige, unanfechtbare und dauerhaft gültige Lösung. Der logische Denkprozess ist in kleine Schritte aufgeteilt, von denen jeder realistisch, wahr, präzise und objektiv nachvollziehbar sein muss. Scheinen diese Bedingungen erfüllt, wird dieser Schritt als nicht mehr infrage zu stellendes Paradigma in die Kette der logischen Schlussfolgerung eingefügt. Dieses Paradigma dient wiederum als Basis für den nächsten Schritt, der sich zwingend aus dem vorhergehenden Schritt ergeben muss. „Wenn ..., dann" ist das Bindeglied, welches die einzelnen Glieder einer logischen Kette verbindet.

Logisches Denken folgt dem Ausschlussverfahren.

Durch Ausschließen aller dem logischen Prozess nicht standhaltender Alternativen fokussiert sich dieser zunehmend, bis eine alleinige, objektiv nachvollziehbare, „wahre" Lösung übrig bleibt.

Ein kreativer Prozess nimmt den gegenteiligen Weg. Präzision, Objektivität oder Machbarkeit spielen überhaupt keine Rolle. Ziel der Kreativität ist es, Varianten zu entwickeln und Alternativen zu entdecken, eben die hinderlichen imaginären Grenzen zu überschreiten, neue Verbindungen herzustellen – oder bewusst zu machen – zwischen Erfahrungen, die wir bisher noch nicht miteinander in Relation sahen. Die Kreativität stöbert nur zu gerne in dem riesigen Archiv aller unserer Erinnerungen und Wahrnehmungen. Und zwar sehr schnell, schließlich ist das auch ihr Job. Das Motto ist hier: „Was wäre, wenn ..."

Kreatives Denken schließt nicht aus, sondern sammelt ein – je komplexer die Zusammenhänge, umso besser. Je weiter der Überblick, umso mehr Alternativen werden sichtbar. Dabei geht die Kreativität nicht einmal willkürlich vor: wie eine Internet-Suchmaschine durchforstet sie unseren ganzen Erfahrungsschatz nach „Treffern" in Form von Ähnlichkeiten irgendeiner Art. Die Kreativität sucht nicht den Fokus, ihre Welt ist das große Ganze und der Überblick darüber. Sie macht es uns erst möglich, die komplexen Puzzlesteine eines Denkgebäudes zu einem schlüssigen Ganzen zusammenzuführen.

Auf einen einfachen Nenner gebracht: die Kreativität ist eine erweiterte Datenerfassung und -vernetzung, der logische Verstand optimiert deren Ergebnisse. Zum besseren Vergleich hier noch einmal ein Überblick in Tabellenform:

	Logik	**Kreativität**
Standort	linke Hirnhälfte	rechte Hirnhälfte
Denkmodus	instrumental	rezeptiv
Denkweise	objektiv	subjektiv
Arbeitsweise	konzentriert	dezentriert
Vorgehensweise	linear	vernetzt
Dynamik	Schritt für Schritt	simultan
Ordnung	hierarchisch	parallel
Ansammlung von	Indizien	Assoziationen
Realitätsbezug	realistisch	visionär
Ergebnis	nachvollziehbar	unbestimmt
Bevorzugte Sprache	Wort	Bild
Ziel	fokussierte Lösung	Alternativen

Vergleich: Logik – Kreativität

Hier zeigt sich deutlich die Gegensätzlichkeit von logischem und kreativem Denken und deren jeweiligen Ergebnissen.

Höre ich hier jemanden hüsteln? Einverstanden, hier könnte man die Frage einwenden, ob man überhaupt von *kreativem Denken* sprechen kann. Was fällt uns bei dem Begriff *Denken* ein? Bestimmt nicht irgendwelche freilaufenden Ideen oder chaotischen Assoziationen. Wir beziehen ihn letztendlich immer auf die Logik – dieses Denkens sind wir uns bewusst und so haben wir es schließlich gelernt.

Was sagt Wikipedia uns dazu? Das Online-Lexikon definiert *Denken*, unter Bezug auf Schischkoff (Schischkoff: Philosophisches Wörterbuch, Erstauflage 1965), wie folgt:

„Unter Denken werden alle Vorgänge zusammengefasst, die aus einer inneren Beschäftigung mit Vorstellungen, Erinnerungen und Begriffen eine Erkenntnis zu formen versuchen."

Mit dieser Definition dürfen wir die Kreativität getrost zu einer Form des Denkens erklären. Alles andere wäre meiner Ansicht nach auch sinnlos. Denn es ist nicht die Spezialisierung alleine, sondern vor allem die enge Zusammenarbeit von Logik und Kreativität, die die Denkfähigkeit unseres Hirns erst ausmacht.

Nehmen wir mal einen ganz normalen Denkprozess:
Angenommen, Sie müssen wieder einmal feststellen, dass Ihr Tag zu wenige Stunden hat:

Sie entscheiden, dass es sich lohnt, über einen effizienteren Tagesablauf nachzudenken (Logik).

Sie sammeln Ideen, was Sie ändern könnten (Kreativität).

Sie überprüfen diese Ideen auf Umsetzbarkeit und treffen eine Auswahl (Logik).

Sie stellen sich vor, welche Konsequenzen die ausgewählten Ideen mit sich bringen (Kreativität).

Sie bewerten die Ideen abschließend und entscheiden sich (Logik).

Auch bei Prozessen, die kein weiteres Nachdenken erfordern, ist diese Zusammenarbeit nachweisbar. Sagen wir einmal, Sie treffen einen Bekannten: Zuerst nehmen Sie eine menschliche Gestalt wahr. Ein (kreativer, weil bildlicher) Abgleich mit allen bekannten Gesichtern identifiziert die Person, der Vorgang wird an die linke Hirnhälfte (Logik) übergeben, in der Begriffe und Namen verwaltet werden. Der Name wird hinzugefügt und Sie können Ihren Bekannten begrüßen.

Fällt Ihnen hier etwas auf? Ja: die Logik steht am Schluss!

Das ist ein sehr wichtiger Punkt und entscheidender Schritt im Verständnis der Kreativität.

Ein munteres Brainstorming, selbst wenn es einen ganzen Tsunami von Ideen auslöst, nützt nämlich erst einmal gar nichts. Eine kreative Idee ist erst dann sinnvoll, wenn der Verstand, unsere Ratio, diese unvoreingenommen und realistisch geprüft hat und dann für grundsätzlich sinnvoll und möglicherweise anwendbar erklärt.

Dadurch aber erscheint eine kreative Idee, ist sie erst einmal durchdacht, nur noch logisch. Kreative Meisterstücke wie die Erfindung von Rad, Flaschenzug, James Bond oder Smartphone erscheinen – sind sie erst einmal erfunden – doch nur völlig logisch und unvermeidlich. Man muss eben nur darauf kommen ...

Auch aus diesem Grund glauben viele Menschen – und alle bekennenden Rationalisten –, ohne Kreativität auszukommen.

Ein schönes Beispiel dazu stammt aus der Entwicklungshilfe. Nachdem der Versuch, die Ernährungslage in der Dritten Welt durch Anpflanzung hoch ertragreicher Sorten zu sichern, mancherorts fehlgeschlagen war, kam der Gedanke auf, die natürliche Vegetation mit Nutzpflanzen quasi nachzubauen. Ein Projekt im Dschungel einer südostasiatischen Insel sah eine „dreistöckige Plantage vor. Ertragreiche Ölpalmen sollten die Bäume ersetzen, Nutzsträucher und Bodengemüse die Plantage ergänzen. Ein hochkarätiges Team aus Botanikern, Geologen, Chemikern und Hydrologen entwickelte daraufhin eine optimale Kombination von Pflanzen, deren Bedürfnisse an Licht und Nährstoffen labortechnisch maximal kompatibel waren. Das europäische Wissenschaftlerteam hatte allerdings nicht bedacht, dass bei Regen das Tropfwasser von den Wedeln der Ölpalme die vorgesehenen Nutzsträucher aufgrund einer speziellen Empfindlichkeit sofort hätte verfaulen lassen – ein Fakt, der dagegen unter den einheimischen Bauern allgemein bekannt war.

Tipp: Machen Sie sich dieses Wechselspiel bewusst und bestimmen Sie bei jedem Schritt, ob Sie gerade kreativ oder rational denken. Achten Sie darauf, diese beiden Denkweisen nicht zu vermischen. Bringen Sie die Disziplin auf, eine kreative Idee erst einmal zu Ende zu denken, ohne den Hindernissen und Problemen, die eine Realisierung dieser Idee mit sich bringen könnte, Beachtung zu schenken. Die nüchterne Analyse der Umsetzbarkeit muss ein separater, nächster Schritt sein.

Machen Sie dann die Gegenprobe und verfolgen Sie eine gelungene oder gar erfolgreiche Idee bis zu ihrem Ausgangspunkt zurück. Gehen Sie so weit wie möglich zurück und beachten Sie den Zusammenhang von der Genese dieser Idee zu der Fragestellung, aus der sie hervorgebracht wurde.

An diesem Punkt sollte bereits etwas klarer sein, wovon man spricht, wenn der Begriff Kreativität fällt. Nächste Frage: Lohnt es sich, in die Entwicklung der eigenen Kreativität zu investieren?

1.5 Was macht Kreativität zu einem Wettbewerbsvorteil?

Überzeugte Rationalisten tun sich mit dem Begriff *Kreativität* oft schwer (fast so schwer wie einige meiner Künstlerfreunde mit dem Rationalen). Aber auch ein Rationalist zollt dem erfolgreichen Firmengründer, Erfinder oder Vermarkter Respekt – kein Wunder, erscheint doch die gelungene kreative Lösung im Nachhinein einfach nur logisch.

Ob logische Schlussfolgerung oder kreative Lösung – letztendlich ist das nicht die Frage. Das Ergebnis zählt!

Normalerweise treffen wir Entscheidungen aus der Gewohnheit beziehungsweise der Erfahrung heraus. Erst wenn unsere Gewohnheit auf eine ihr unbekannte Situation stößt und auch unser Erfahrungsschatz keine Lösung parat hat, müssen wir uns etwas Neues einfallen lassen.

An diesem Punkt erst kommt die Kreativität ins Spiel. Sie versorgt uns mit Ideen, die wir dann nach den Regeln der Logik bewerten. Je mehr Ideen zur Wahl stehen, desto größer ist die Wahrscheinlichkeit, schnell zu einer befriedigenden Lösung zu kommen.

Die Kreativität liefert, die Logik sortiert das Material und sorgt für eine rationale Entscheidung.

Der Rationalität steht das letzte Wort zu. Immer! Selbst die kreativste Idee wird erst zu einer kreativen Lösung, wenn sie rational sinnvoll erscheint.

Die Kreativität ist der Lieferant der Ideen, einzige Bezugsquelle für jegliche neue Strategie. Ohne Kreativität hätte dieses Buch nicht geschrieben werden können, es gäbe weder eine Schrift, noch das Papier, keine Druckmaschine, keinen Strom, um sie zu betreiben – und das Lesen hätten Sie nie gelernt.

Wenn Sie ein Mensch sind, der:
- auf jede Frage immer eine Antwort parat hat,
- Entscheidungen einzig auf altbewährte Art trifft,
- einmal Bewährtes nie reformieren oder optimieren will,

dann sollten Sie dieses Buch an dieser Stelle abbrechen.

Wenn Sie Entscheidungsträger sind, sollten Sie Ihre Kreativität allerdings nicht vernachlässigen.

Eine gute Entscheidung beruht auf verlässlichen Daten und der richtigen Umsetzung dieser Informationen.

Irgendwelche Daten zu erheben bedarf zunächst keiner Kreativität – die richtigen und entscheidenden Daten zu erheben möglicherweise schon. Es ist ein leider weit verbreiteter Irrtum zu glauben, dass rein rationales Denken zu einer absoluten Rationalität führt. Der amerikanische Sozialwissenschaftler Herbert Simon, der für seine Forschungen über Entscheidungsprozesse in Wirtschaftsorganisationen 1978 den Wirtschaftsnobelpreis verliehen bekam, prägte zu diesem Phänomen den Begriff der *eingeschränkten Rationalität*. Er wies nach, dass selbst scheinbar völlig rational getroffene Entscheidungen aufgrund von diversen Faktoren wie etwa Mangel an Zeit, unkorrekten Informationen oder Unfähigkeiten und sonstigen Einschränkungen der menschlichen Denkfähigkeit und Objektivität immer nur begrenzt rational getroffen werden.

Andere Forscher gehen davon aus, dass etwa 80 Prozent unserer Entscheidungen mehr oder weniger emotional gefällt werden.

Es bedarf also eines Korrektivs, das auf engem Kontakt mit der Wirklichkeit beruht, kurz: einer guten Wahrnehmung.

Um in sich wandelnden Märkten Ihre Position zu behaupten oder weiter auszubauen oder gar neue Märkte zu schaffen, müssen Sie nach neuen, bisher verdeckten Zusammenhängen suchen. Um Marktlücken auszumachen und deren Potenzial realistisch einzuschätzen, müssen Sie Daten verknüpfen, deren Zusammenhang eben noch nicht erkannt wurde. Auch hier bedeutet Kreativität, Grenzen zu überschreiten.

> Kindern wird gerne erzählt, dass sie ihren Eltern von Störchen geliefert worden wären. Ein Ammenmärchen, welches aber in einer dänischen Untersuchung statistisch erhärtet werden konnte, indem eine signifikante Korrelation zwischen dem Rückgang der Geburten und dem Bestand der Störche „nachgewiesen" wurde.

Und zuletzt gehört es auch zur Kreativität, sehr komplexe und sich laufend verändernde Situationen zu beherrschen. Vom Einfädeln auf die Autobahn sprachen wir ja schon. Rational – durch Berechnung der Geschwindigkeiten aller beteiligten Fahrzeuge beispielsweise – lässt sich dieses Manöver nicht bewältigen. Das gilt noch mehr für ein Fußballspiel, bei dem die Spieler Ball, Mitspieler und Gegner ständig im Auge behalten und ihre Position und Taktik den immer wechselnden Konstellationen anpassen müssen. Das geht nicht rational, dafür ist wirklich nicht genug Zeit.

Derartige Situationen lassen sich nur bildhaft erfassen – indem wir ein Bild der momentanen Situation kreieren und uns darin gewissermaßen „einfügen". Und das ist Kreativität, was sonst?

Wenn Sie Ihrer eigenen Kreativität Zeit und Aufmerksamkeit widmen und sie konstant weiterentwickeln, sichern Sie sich einen Vorteil im Wesentlichen in drei Bereichen:

1. Sicherheit und schnelle Reaktion im Umgang mit neuen, unbekannten Situationen: *Durch Analogien, Assoziationen und Rückschlüsse lassen sich schneller Handlungsalternativen in unerwarteten Situationen entwickeln als durch eine zeitintensive Analyse.*
2. Erweiterter Entscheidungs- und Handlungsspielraum: *Kreatives Denken zeigt mehr Alternativen auf – ohne den rationalen Blick zu verstellen.*
3. Bessere Beherrschung komplexer Situationen: *Kreatives Denken ermöglicht einen verbesserten Überblick über komplexe Situationen. Das gilt auch für den menschlichen Umgang, man spricht dann von sozialer Kompetenz oder von Diplomatie.*

In der Vorbereitung dieses Buches habe ich mit erfahrenen Profis aus allen denkbaren nicht-kreativen Branchen gesprochen: Ärzten, Steuerberatern, einem Personalchef eines global agierenden Konzerns und dem einer Behörde eines französischen Departements, mit Managern und Bäckern und vielen mehr. Ohne Ausnahme waren alle der Meinung, dass Kreativität in ihrem Beruf eine Rolle spielt.

Juristen, Buchhalter und Wissenschaftler müssen die komplexe und oft chaotische Realität ordnen, kategorisieren und in fest definierte Systeme einfügen.

Manager müssen komplexe Zusammenhänge überblicken, Ziele und Visionen entwickeln und weitervermitteln.

Politiker, Werbefachleute, Seelsorger, gute Verkäufer und viele andere sind auf kreative Formulierungen angewiesen – eine Kunst, die auch das Militär mit dem „Auslegen von Bombenteppichen" und ähnlichen Begriffen fleißig übt.

Selbst bei einer manchmal ernüchternden, aber immer sehr nüchternen Tätigkeit wie einer Datenerhebung brauchen Sie beträchtliche Kreativität, um verlässliche Ergebnisse zu erzeugen. Die Fragen dürfen nicht missverständlich sein, und es müssen „Fang- und Prüffragen" formuliert werden, die für die Probanden unerkennbar deren Aussagen auf Stimmigkeit kontrollieren.

Ohne das weiter fortzusetzen, sehen Sie schon: die Kreativität ist letztendlich in jede Tätigkeit involviert.

Tipp: Altbewährte Gewohnheiten sind der größte Hemmschuh der Kreativität – aber die Zeiten ändern sich und was lange funktioniert hat, muss nicht zwangsläufig weiterhin die beste Option sein. Daher lohnt es sich, Gewohnheiten oder reine Routine zu hinterfragen und nach sinnvollen Verbesserungen zu suchen. Damit erreichen Sie nicht nur eine höhere Effizienz, sondern trainieren auch Ihre Kreativität.

Entwickeln Sie also Ihre Kreativität weiter – es lohnt sich! Um diese jederzeit und gezielt einsetzen zu können, müssen Sie allerdings noch ein paar Hindernisse aus dem Weg räumen. Hindernisse, die Sie sich im Prinzip unbemerkt selbst in den Weg gestellt haben …

1.6 Not macht erfinderisch – die Kreativität jenseits der Grenzen unseres Denkens

Wie eingangs schon gesagt: Der Mensch ist von Natur aus zu kreativem Denken und Handeln fähig und nutzt seine Kreativität ganz selbstverständlich – oft spontan und meist ohne sich dessen auch nur bewusst zu sein. Schauen Sie einfach nur Kindern beim Spielen zu. Wir sind kreativ und merken es ganz einfach nicht. Wo ist dann das Problem, wenn wir um gute Ideen und kreative Lösungen ringen?

Das Problem ist der bewusste, willentliche und gezielte Zugang zur Kreativität. Ein Zugang, der uns offen steht, wann auch immer wir ihn brauchen.

Da fliegen uns Ideen oft förmlich zu, wenn wir sie gar nicht gebrauchen können oder wollen. Wenn wir dann aber Haare raufend nach einer neuen, kreativen Lösung suchen, dann stehen uns häufig unerwartete Hindernisse im Weg.

Warum ist das so?

Ein kluges Sprichwort lautet: Not macht erfinderisch. Es besagt nichts anderes, als dass wir in Notfällen einen freieren Zugang zu unserer Kreativität haben. In Notfällen – warum dann nicht im Alltag? Sind in uns „Kreativitäts-Blocker" am Werk?

Robin, ein englischer Bekannter aus meiner Londoner Zeit, war in jungen Jahren ein begeisterter Abenteurer. So wurde er einmal, irgendwo in der afrikanischen Steppe, nachts in seinem Nylon-Minizelt von einem Rudel Löwen geweckt – das Feuer, das die Löwen abschrecken sollte, war ausgegangen. Unter diesen Bedingungen konnte ihn nur eine wirklich kreative Idee retten, und die Idee ließ auch nicht auf sich warten: Er zündete kurzerhand das leicht entflammbare Zelt über seinem Kopf an. Die Tiere ergriffen die Flucht und er konnte sich auf einen Baum retten.

Ein sehr kreative Lösung, da besteht kein Zweifel.
Muss man wirklich erst in Not geraten, um kreativ zu sein?
Was hindert uns denn daran, von unserer Kreativität jederzeit Gebrauch zu machen?

Es gibt genau vier Hindernisse, die wir überwinden müssen:

1. die *Trägheit* unserer Gewohnheiten,
2. die *Ungeduld* und die Erwartung, die perfekte Idee umgehend geliefert zu bekommen,
3. die *Angst*, als Träumer oder Spinner angesehen zu werden, wenn wir den Boden der Rationalität verlassen, und
4. der *Perfektionismus*, der uns hemmt, uns auf die irrationale Bühne der Kreativität zu wagen.

Die *Trägheit der Gewohnheiten* ist ein inneres Hindernis und leider tief in uns verwurzelt. Dabei sind Gewohnheiten überhaupt nichts Schlechtes – im Gegenteil, sie sind sehr hilfreich. Wir könnten unseren Alltag sicher nicht bewältigen, ohne ihn zu strukturieren, sich wiederholende Abläufe zu optimieren und daraus Gewohnheiten zu gestalten. Wir müssen schon genug organisieren, da spricht wirklich nichts dagegen, eine gelungene Organisationsstruktur zu übernehmen und zur Gewohnheit werden zu lassen. Das ist wie ein Autopilot, der uns durch die Routinen des Alltags führt.

Stellen Sie sich nur einmal vor, Sie müssten jeden Morgen beim Aufwachen alles von A bis Z neu organisieren, vom Anziehen bis zum Zähneputzen! Kein schöner Gedanke!

Dafür nehmen wir auch mal in Kauf, dass wir im Urlaub pünktlich zu den gewohnten Nachrichten im Hotelzimmer sein müssen oder überhaupt außerstande sind, an einem anderen als unserem gewohnten Platz zu essen, fernzusehen oder effizient zu arbeiten.

Allerdings birgt dieser „Autopilot“ auch Gefahren in sich, wie Ihnen sicher jener Zeitgenosse bestätigen kann, der vor Jahren sein Auto fröhlich in einen Fluss lenkte, weil sein Navi nicht zwischen Brücke und Fähre unterscheiden konnte.

Achtsam sollte man bitteschön bleiben!

Neben dem Autopiloten befindet sich im Cockpit eines modernen Jets auch ein Alarmsystem, das vor gefährlichen Situationen warnt. Bezogen auf die Gewohnheiten sollten wir uns daran ein Beispiel nehmen und umgehend Alarm schlagen, wenn das Argument gebraucht wird: „Wir machen dies und das so, weil wir es schon immer so gemacht haben.“ Gewohnheiten sind unbeweglich und von sich aus völlig ignorant gegen Veränderungen. Die stetige und immer schneller vor sich gehende Veränderung der Märkte und Werte fordert aber Veränderungen. Was heute eine nützliche Strategie ist, kann morgen schon nicht mehr auf der Höhe der Zeit sein und übermorgen ein Klotz am Bein.

Gewohnheiten sind liebe Freunde, aber sie dürfen nicht mit Regeln verwechselt werden. Sie müssen uns zu Diensten und zu Nutzen sein – und nicht über uns bestimmen. Gewohnheiten dürfen uns leiten, aber nicht zu festen Grenzen werden.

Routine und Gewohnheiten in unserem Handeln erleichtern den Alltag, Denkgewohnheiten dagegen – bei aller Bequemlichkeit, die sie bieten – sind schlicht und einfach gefährlich.

Diesem Problem begegnet man in der Wirtschaft auf Schritt und Tritt. Bekannte Beispiele sind die klassischen Katalog-Versandhäuser oder die Musikindustrie, die jeweils große Schwierigkeiten haben, sich dem Internet-Zeitalter anzupassen. Sie haben an ihren Gewohnheiten festgehalten und die rasante Entwicklung des Internet verschlafen. Und das betrifft nicht nur diese beiden Branchen – wenn Sie einmal den Begriff *Entwicklung verschlafen* in eine Suchmaschine eingeben, dann werden Sie kaum eine Branche finden, in der nicht dieser Vorwurf laut wird.

Was hat das mit Kreativität zu tun? Wie eingangs schon festgestellt: Wenn ein System funktioniert, sich bewährt und zuverlässig ist, dann können Sie getrost auf jegliche Kreativität verzichten. Erst wenn Veränderungen anstehen, ist es Zeit für kreative Neuerungen – und genau da begegnen wir oft beträchtlicher Trägheit. Eine einmal als wertvoll erkannte Gewohnheit geben wir nicht so schnell auf (warum auch?) und stellen sie schon gewohnheitsgemäß nicht oder nur sehr ungern infrage. Es ist das Wesen einer Gewohnheit, sich nicht verändern zu wollen. Und so sträuben wir uns gegen jede

Neuerung, bis es fünf vor zwölf ist – oder gar zu spät – und suchen die Schuld lieber bei den anderen.

Microsoft kann da ja bekanntlich ein Liedchen von singen. Die einstmals wertvollste Firma der Welt kämpft derzeit mit den Versäumnissen ihrer Vergangenheit. Aus der Hybris des Riesen heraus wurden wesentliche Veränderungen des Marktes falsch eingeschätzt. Sowohl den Siegeszug des Tablet-Computers (Microsoft stoppte die eigene Entwicklung eines solchen Geräts kurz vor dem Erscheinen des iPad, weil sie keinen Markt dafür sahen) wie auch der Software-Bedarf moderner Smartphones wurde verschlafen.

Not macht erfinderisch – aber war Apple wirklich schon in Not, als sich das Unternehmen an die Entwicklung des iPhones machte? Darüber kann man diskutieren, fest aber steht, dass Apple blitzschnell auf neue Tendenzen reagiert hat, was „Gewohnheits-Herstellern" der Mobilfunkbranche nicht gelang. Das erste iPhone wurde 2007 eingeführt, der damals größte Mobiltelefonhersteller rutschte von einem Marktanteil von 36,4 Prozent im Jahr 2009 innerhalb eines Jahres auf 28,4 Prozent ab. Vorgeworfen wird dem Konzern – na, was wohl? Die Smartphone-Entwicklung weitgehend verschlafen zu haben ...

Die *Ungeduld* ist das zweite Hindernis auf dem Weg zur Kreativität. Selbstverständlich gibt es viele spontane Ideen, aber die entscheidende, zündende Idee, die Sie ganz dringend suchen, gehört (fast) nie dazu. Warum das so ist, sehen wir weiter unten, wenn wir uns mit dem Ablauf eines kreativen Prozesses befassen.

Eine kreative Lösung kommt nicht von allein – wir müssen etwas dafür tun. Kreativität ist eine Dienstleistung unseres Gehirns, aber in diesem Fall sind wir nicht nur Kunde, sondern auch Betreiber dieser Dienstleistungszentrale.

Wenn die Ideen dann kommen, könnte sich das dritte Hindernis in unseren Weg stellen: die Angst, uns zu blamieren. Wir wollen ja nicht zum Spinner oder Träumer abgestempelt werden, da trauen wir uns und unserer Idee lieber mal nicht über den Weg. Die anderen haben diese Idee ja auch nicht, wollen wir uns damit wirklich zum Fenster heraushängen? Man möchte eben nichts Dummes sagen. Nicht im privaten Kreis, noch weniger in der Öffentlichkeit und schon gar nicht im beruflichen Umfeld.

Aber so kommen wir nie weiter! Mut zur Innovation – das wird doch immer gerne gefordert, warum sind wir nicht konsequent und ein bisschen mutiger?

Mit der Überwindung des mystisch geprägten Mittelalters, im Zeitalter der Aufklärung, wurde der Verstand, die Ratio, als einzige Grundlage eines richtigen Denkens verstanden. Das widerspricht der Kreativität zwar nicht, aber viele sich selbst als Rationalisten verstehende Menschen misstrauen der Kreativität schon deshalb, weil sie nicht auf Logik beruht. Sie fürchten das Irrationale in der Kreativität und erwarten stets rational durchdachte Konzepte anstatt unausgereifter Ideen.

Aber genau das liefert die Kreativität nicht. Sie liefert keine fertigen Ergebnisse, sondern das Rohmaterial: Gedanken, Ideen und Eingebungen, die anschließend rational bewertet und auf ihre Machbarkeit hin geprüft werden können.

Sind wir erst einmal in Not geraten, dann wird nicht lange diskutiert, dann ist jede Idee willkommen. Ohne Not dagegen igeln wir uns in unserer Bequemlichkeit ein, geben immer wieder freiwillig einer geistigen Trägheit nach und behalten unsere Ideen lieber für uns.

Eine Verschwendung! Hier liegen große Potenziale brach und wir lehnen uns zurück und warten auf bessere Zeiten ...

Und zuletzt sind wir alle mehr oder weniger anfällig für einen *Perfektionismus*, der uns hemmt, uns auf die irrationale Bühne der Kreativität zu wagen. Schließlich steht die Kreativität im Ruf oder eher Verruf gesteigerter Emotionalität. Ein tagträumerischer kreativer Prozess verbraucht ja Zeit, in der nichts produziert wird und keine Unmengen Papier mit Notizen gefüllt werden. Da bleibt dann nichts vorzuweisen. Kann das noch Arbeit sein, oder ist das nichts als Faulheit? Da arbeitet man doch lieber weiter wie bisher, aber arbeitet, ganz egal, ob es Sinn macht oder nicht.

Die meisten Menschen haben, ohne es zu wollen, die Kreativität in vielen Bereichen ausgegrenzt und obendrein noch viel Eifer (und sicher auch unbewusste Kreativität) darauf verschwendet, diese Grenzen zu sichern. Grenzen, die wir ziehen, um uns das Leben zu erleichtern, werden still und heimlich zu Grenzen, die uns einschränken.

Man sagt, dass wenn Sie ein Huhn in einen Kreidekreis stellen, es diesen nicht verlassen kann oder will. Ich habe das nicht ausprobiert, aber ich will es mal glauben. Schön blöd, dieses Huhn, da sind wir uns doch einig?

Leider sind wir genauso anfällig für eingebildete Grenzen wie unsere gefiederten Freunde.

Ob Hühner nun tatsächlich so einfältig sind oder nicht, wie gesagt, ich weiß es nicht – wir als Menschen sind es leider schon. Schlimmer noch: Wir ziehen diese Kreidekreise selbst!

Jetzt, in diesem Moment, während Sie sich mit der Kreativität befassen, ist der Augenblick gekommen, diese Grenzen zu überschreiten. Die Zeit ist gekommen, ein eigenes, aber wenig genutztes Territorium zu betreten und die Trägheit unserer Gewohnheiten, unsere Ungeduld wie auch unsere Ängste und einen übersteigerten Perfektionismus über Bord zu werfen.

Nehmen Sie einfach in Besitz, was ohnedem Ihnen gehört!

Eine Idee kommt selten allein – und die beste Idee unterscheidet sich im ersten Moment nicht von einem Blindgänger. Geben Sie Ihren Ideen eine zweite Chance, selbst denen, die zunächst abwegig erscheinen.

Sie werden sehen, dass die meisten spontanen Ideen zu nichts zu gebrauchen sind, einige wenige schon eher infrage kommen – und innerhalb dieser so mancher unauffällige Schatz versteckt ist, wenn er auch auf den ersten Blick noch völlig uninteressant wirkte.

Ihre Kreativität ist eine Dienstleistung – aber Sie sind nicht nur ein Kunde, der die zündende Idee einfach aus dem Regal nehmen will, sondern auch der Betreiber, der für diese Idee sorgen muss. Dafür brauchen Sie den Zugang.

Wie finden Sie nun den Zugang zu Ihrer Kreativität?

1.7 Ihr Zugang zur Kreativität

Wie können wir nun unsere Kreativität zu einem willigen und zuverlässigen Werkzeug machen?

Wie können wir dieses Potenzial stärken und es bewusst, willentlich und zielgerecht nutzen? Wie können wir unsere Kreativität in die Bewältigung außergewöhnlicher oder alltäglicher Herausforderungen integrieren? Wie erlangen wir Zugang zu unserem ganzen kreativen Potenzial?

Bitte, wie lautet das Passwort?

Es gibt ein Passwort und ich werde es Ihnen gleich mitteilen. Aber zuvor müssen wir uns noch bewusst werden, dass das kreative Potenzial – wie jedes Potenzial – auch erkannt werden will. Wir müssen es erkennen, wahrnehmen und uns die Vorteile, die es uns verschafft, bewusst machen.

Nehmen Sie Ihre Kreativität überhaupt wahr?

Ein klassischer logischer Denkprozess braucht viel Konzentration und hinterlässt bisweilen eine eindrückliche Erschöpfung. Eine Kette logischer Schlussfolgerungen aufzustellen ist Arbeit (kommt daher nicht vielleicht der Begriff *knallharte Logik*?).

Der kreative Prozess dagegen beginnt mit einer Anfangsfrage und einigen anfänglichen Überlegungen und verabschiedet sich dann aus unserer Aufmerksamkeit. Einmal in Gang gekommen, organisiert sich dieser selbst und bleibt unbewusst. Wir richten unsere Aufmerksamkeit auf etwas ganz anderes – während der Prozess unbemerkt weiterläuft – und wenn wir schließlich zu einem Ergebnis kommen, halten wir das für eine urplötzliche Eingebung oder spontane Idee.

Das ist es oft aber nicht.

Es ist ein Phänomen der Kreativität, dass ihre Ergebnisse uns entweder spontan oder erst nach geraumer Zeit bewusst werden – im letzten Fall immer, wenn wir uns einer Entspannung hingeben. Das hat jeder schon erlebt und die Geschichte der Erfindungen und der Wissenschaft ist voller Beispiele dazu.

Die Kreativität zu nutzen, bedeutet hin und wieder mal zu entspannen, spazieren zu gehen und sich etwas Zeit für ziellose Tagträume einzuräumen.

Das ist leicht gesagt, aber wer will schon seine wertvolle Zeit mit irgendeiner Spinnerei vertrödeln?

Sie müssen lernen, den Wert und die Notwendigkeit dieser scheinbar sinnlosen Zeitvergeudung zu erkennen und zu akzeptieren. Nur dieser Weg führt zu komplexen kreativen Ergebnissen.

Das ist der erste Schritt hin zu einem bewussten Zugang zur Kreativität.

Daher lautet das Passwort zur Kreativität: *dezentrieren*.

Dezentrieren als Gegenteil von *konzentrieren* (bekannter ist das etwas altmodische Wort *zerstreuen*, auch *Zerstreuung suchen,* noch heute in Gebrauch beim *zerstreuten Professor*).

Oder anders gesagt – auch hier passt ein altes Sprichwort – wenn man den Wald vor lauter Bäumen nicht mehr sieht, vor lauter konzentriertem Nachdenken das Ziel aus den Augen verliert, dann ist es Zeit zu entspannen. Zeit, die Gedanken sich sortieren zu lassen, wieder den Überblick zu gewinnen. Höchste Zeit, um die Kreativität walten zu lassen, bis die nötige Klarheit wiedergewonnen ist.

Das will geübt sein. Aus diesem Grund finden Sie in diesem Buch etliche Übungen zu kreativem Denken wie auch zu Wahrnehmungen, Assoziationen und bildhaftem Denken.

Altbewährte Gewohnheiten sind der größte Hemmschuh der Kreativität – die Zeiten ändern sich und was lange funktioniert hat, muss nicht zwangsläufig weiterhin die beste Option sein. Daher lohnt es sich, Gewohnheiten oder reine Routine zu hinterfragen und nach sinnvollen Verbesserungen zu suchen. Damit erreichen Sie nicht nur eine höhere Effizienz, sondern trainieren auch Ihre Kreativität.

Eine kleine Kreativitäts-Übung gefällig? Bitte sehr:

Wenn der Name Ihrer Firma eine Abkürzung wäre, für was würde diese Abkürzung stehen? Das geht ebenso mit Vornamen oder Städtenamen.

Zum Beispiel: **S**ollten **I**ngenieure **e**lektrischer **M**aschinen **e**igentlich **n**icht **s**chweigen?

Um uns verlässlichen Zugang zu unserer Kreativität zu verschaffen, müssen wir dieser vertrauen, mit ihr vertraut sein. Daher wollen noch drei grundlegende Begriffe geklärt werden, die jeweils ein wichtiges Charakteristikum der Kreativität beschreiben und gewissermaßen die drei Säulen darstellen, auf denen die Kreativität beruht. In den folgenden drei Kapiteln werden wir uns daher mit der Quelle, der grundlegenden Funktionsweise und der Sprache der Kreativität befassen.

1.8 Kreativität und Wahrnehmung

Unsere Wahrnehmung ist die erste der drei Säulen, auf die sich unsere Kreativität stützt. Nur durch unsere Wahrnehmung können wir Informationen sammeln, um diese dann bei Bedarf rational analysieren zu können. Unsere Wahrnehmung arbeitet aber nicht nur zielgerichtet, sondern füllt ständig eine gigantische „Datenbank" mit Beobachtungen, Anregungen, Erinnerungen und Erfahrungen aller Art, auf die wir uns beziehen können, sobald unsere gewohnten Strategien nicht mehr greifen. Doch bevor wir uns das genauer anschauen, wollen wir an dieser Stelle einmal innehalten und einander gratulieren. Unsere Ausstattung zur Wahrnehmung ist nämlich wirklich einzigartig. Da ist zunächst unser Hirn, dessen Leistungsfähigkeit noch immer die Wissenschaft erstaunt. Ein absolutes High-End-Produkt und beispiellos auf diesem Planeten.

Darin enthalten ist ein Gedächtnis, welches (trotz chronischer Unzufriedenheit seiner Besitzer) ein vielleicht ausbaufähiges, aber jedenfalls konkurrenzlos leistungsfähiges Produkt ist. Digitale Speichermedien mögen zwar quantitativ weit überlegen sein, organisatorisch sind sie aber unserem Gedächtnis weit unterlegen. Und dann natürlich unsere Wahrnehmungsorgane selbst, die fünf Sinnesorgane, die dafür sorgen, dass wir überhaupt in Kontakt mit unserer Umwelt sein können.

1. Unsere Wahrnehmung sammelt immens viele Daten: Die Wahrnehmungsorgane versorgen uns sekündlich mit einer riesigen Datenmenge an Informationen. Belastbare Zahlen dazu gibt es nicht, man geht aber von einer Kapazität von mindestens eine Million bit/s aus. Diese Flut an Informationen wird durch unser Hirn – wie in einem guten Chefsekretariat – auf Dringlichkeit geprüft und vielseitig gefiltert, gegebenenfalls weitergegeben oder sinnvoll archiviert. Einzelne Wahrnehmungen mögen unsere Aufmerksamkeit erreichen, die Masse aber bleibt unbewusst und wird sofort in unser Gedächtnis verschoben oder einfach gelöscht.

2. Wir können unsere Wahrnehmung regeln: Wir können uns voll auf einen Gegenstand konzentrieren (zum Beispiel wenn wir etwas suchen), auf anderes richten wir eine vorübergehende Aufmerksamkeit oder bringen ihm ein allgemeines Interesse entgegen, etwa bei einem Hobby, unbewusst und trotzdem gezielt, beispielsweise bei Dingen, die mit einem besonderen Interesse oder wichtigen individuellen Erfahrungen zusammenhängen.

3. Unsere Wahrnehmung passt sich situativ an: Die Dringlichkeit dieser Informationen wird dabei laufend neu definiert – ein Parkverbot-Schild, das wir im Vorbeifahren kaum wahrgenommen hätten, bekommt beim Abstellen unseres Autos deutlich mehr Beachtung. Oder sollte es zumindest.

Wieder andere Wahrnehmungen laufen gänzlich unbewusst ab, dringen aber durchaus in den Hintergrund unseres Bewusstseins ein. Sie kennen das von dem berühmten „ersten Eindruck" bei der ersten Begegnung mit einem Menschen. Ohne dies bewusst zu registrieren, reagieren wir auf dessen Körpersprache und andere Beobachtungen, die uns genauso wenig bewusst sind.

Ein weiteres Phänomen unserer Wahrnehmung zeigt dieser kleine Test: Betrachten Sie bitte dieses Bild *Die Dame im Bade* von François Clouet. Konzentrieren Sie sich dabei bitte auf die vorhandenen Personen und wie Sie deren Charakter und ihr Verhältnis untereinander wahrnehmen, nicht zuletzt bei der Magd im Hintergrund des Bildes.

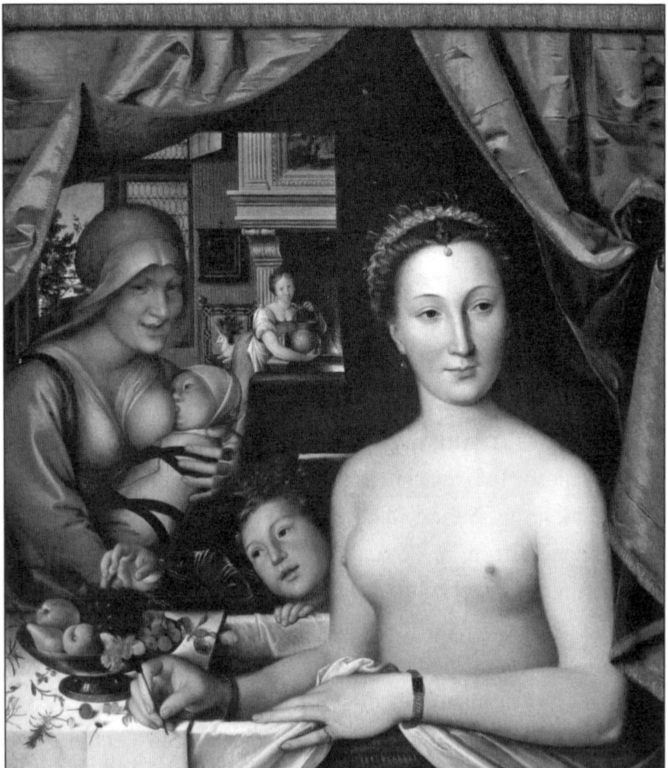

Das gleiche Gemälde sehen Sie hier gespiegelt. Achten Sie bitte wiederum auf die Persönlichkeiten der Dargestellten und die Dynamik zwischen diesen.

Sie werden teilweise erhebliche Unterschiede wahrnehmen. Befriedigende Erklärungen für dieses Phänomen gibt es bis heute nicht.

4. Teile unserer Wahrnehmung sind genetisch programmiert: Auf bestimmte Wahrnehmungen werden wir automatisch aufmerksam gemacht, durch Vorgaben, die noch aus den Zeiten stammen, als uns Säbelzahntiger und Höhlenbären vor dem Büro auflauerten. Zu unserer Sicherheit und dem Selbsterhalt nehmen wir Bewegungen gegenüber Unbewegtem bevorzugt wahr, genauso wie starke Kontraste uns ebenfalls in einer höheren Dringlichkeitsstufe bewusst gemacht werden. Daher werden Sie beispielsweise den Jägersmann in seinem grünen Loden am Waldrand leicht übersehen, während Ihnen der Straßenarbeiter in seiner orangenen Sicherheitsweste eben umso früher auffällt.

5. Auch unbewusste Wahrnehmungen werden gespeichert: Manche Wahrnehmungen bleiben zwar unbewusst, werden aber vom Gedächtnis trotzdem bereitwillig gespeichert und auf Abruf zur Verfügung gestellt. Sie erleben das immer wieder, wenn Sie etwas suchen und Ihnen plötzlich einfällt, wo Sie es zuletzt gesehen haben.

Zwar scheint unser Gedächtnis nach Lust und Laune abzuspeichern – besonders Vokabeln gehören wohl nicht zu dessen Favoriten –, aber es schluckt heißhungrig unvorstellbar viele Informationen. Es grenzt an ein Wunder, was an Erinnerungen, Wahrnehmungen und Informationen aus allen denkbaren Wissensgebieten in unserem Gedächtnis verwahrt ist.

Unser Hochleistungshirn sammelt also immens viele Informationen und stellt uns damit ein gigantisches und wirklich unermessliches Archiv zur Verfügung. Dieses Archiv enthält unser erlerntes Wissen, unsere Erfahrungen, alle verfügbaren Erinnerungen und was auch immer – bewusst oder unbewusst – seinen Platz in unserem Gedächtnis gefunden hat.

Dieses innere Archiv liefert Informationen zum Aufstellen logischer Paradigmen, jener Bausteine, aus denen logische Schlussfolgerungen und Erfolg versprechende Strategien aufgebaut werden.

Vor allem aber ist dieses Archiv die Quelle aller unserer Kreativität. Aus diesem Archiv stammen sämtliche Informationen, Ideen und Anregungen, die unsere Kreativität uns gibt – auch und vor allem diejenigen, die sich unserem bewussten Gedächtnis entziehen.

Übung: Testen Sie einmal Ihr Erinnerungsvermögen. Urlaubs- und Kindheitserinnerungen, Erinnerungen an bestimmte Menschen oder bestimmte Plätze. Sie werden feststellen, dass unsere Erinnerungen quasi gruppiert gespeichert sind – sobald sich die ersten eingestellt haben, kommen ständig weitere hinzu.

Tipp: Auch Wahrnehmung ist Übungssache, vor allem, wenn es um bewusste, gezielte Wahrnehmung geht. Die beste Übung – und eine, die Sie täglich oft machen können – ist die Beobachtung der Körpersprache der Menschen in Ihrem Umfeld. Körpersprache ist allgegenwärtig und es bedarf auch keines aufwendigen Sprachkursus', um diese deuten zu lernen. Hochgezogene Schultern, verschränkte Arme und ungewöhnliche körperliche Distanz beispielsweise demonstrieren ein Bedürfnis nach Schutz. Beobachten Sie einfach Haltungen und Gesten, auch bei Gesprächen zweier oder mehrerer Menschen: wer dominiert? Wer plustert sich auf? Wer macht sich groß, wer gibt sich klein? Wer wendet sich wem zu – und wer wendet sich ab?

Von der Art und Weise, wie wir diese Informationen abrufen und sortieren können, davon handelt das nächste Kapitel. Vorher aber biete ich Ihnen noch ein paar Übungen zur Wahrnehmung an.

1.9 Üben und testen Sie hier Ihre Wahrnehmungsfähigkeiten

Allgemeine Übungen zur Wahrnehmung

Beim Üben der Wahrnehmung, geht es streng genommen nicht darum, mehr wahrzunehmen, sondern darum, uns das, was wir automatisch wahrnehmen, bewusst zu machen. Das üben Sie am besten, wenn Sie eigene Wahrnehmungen genau abfragen, zum Beispiel:

- weiter zurückliegende Eindrücke und Beobachtungen wieder ins Gedächtnis rufen,
- Körpersprache und Haltungen anderer Menschen nachmachen,
- Kunden oder Kollegen in nur einem Satz charakterisieren,
- typische Gesten, Bewegungen oder Reaktionen voraussagen,
- einmal bewusst nur auf die Geräusche achten, die Sie umgeben,
- Ihren Sympathien und Antipathien, Vorlieben und Abneigungen bewusst auf den Grund gehen.

Übungsteil Wahrnehmung

Hinweis: bei Übungen mit eindeutigen Lösungen finden Sie die Auflösung im Kapitel 5.6 ab Seite 162.

Ein Klassiker: Welche Formen sind identisch?

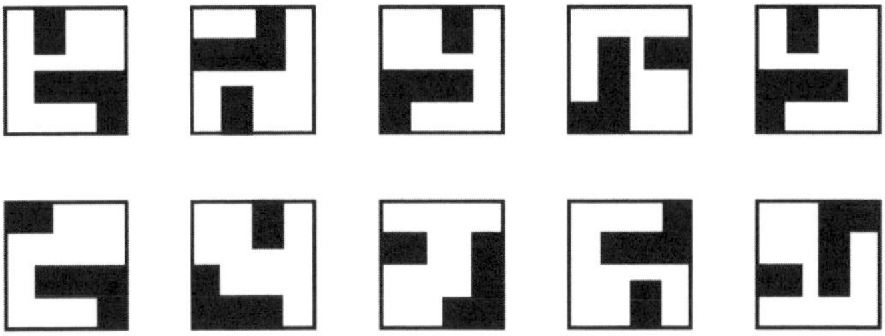

Jedes der folgenden Buchstabenpaare stammt aus dem Logo einer international tätigen Firma. Jedem davon sind Sie sicher schon häufig begegnet:

sk	te	AH	AD
ie	og	LB	EM

Ordnen Sie folgende Begriffe jeweils einer dieser zehn Silhouetten zu.

Nr.: ....

Arroganz **1**

Unsicherheit **2**

Zorn **3**

Furcht **4**

Lethargie **5**

Erschöpfung **6**

Desinteresse **7**

Eitelkeit **8**

Ablehnung **9**

Rechtfertigung **10**

Nr.: ....

Nr.: ....

Nr.: ....

Nr.: ....

Nr.: ....

Nr.: ....

Nr.: ....

Nr.: ....

Nr.: ....

Was sehen Sie hier? Eine Vase oder zwei Gesichter von der Seite, die sich anschauen? Können Sie auch beides gleichzeitig wahrnehmen?

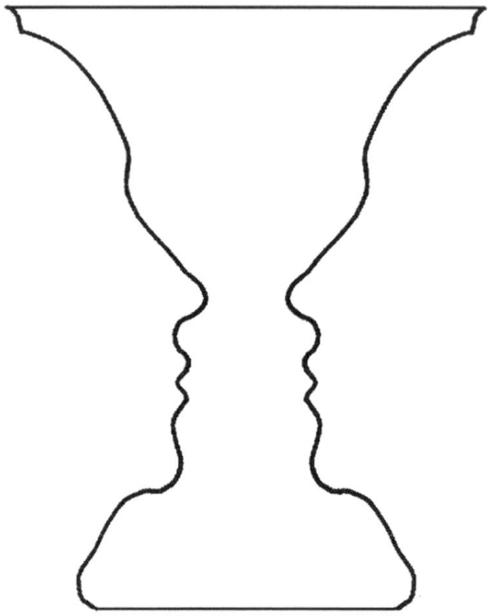

Die folgende Fotografie ist an zwei Stellen manipuliert worden, die jeder entdecken kann.

Und noch ein Klassiker: An welchen fünf Stellen unterscheidet sich das zweite Bild von diesem ersten?

Klar, dass hier etwas nicht stimmt – aber auf welche Weise sind diese Widersprüche erzeugt worden?

1.10 Assoziationen – die Suchmaschine der Kreativität

Mit den Assoziationen haben wir die zweite Säule der Kreativität erreicht. Mittels Assoziationen stellen wir Verbindungen innerhalb der „Datenbank" unserer Wahrnehmungen her. Und zwar keine rationalen, logisch zwingenden – dafür ist unser logisches Denken verantwortlich –, sondern Verbindungen, die nicht auf Wertung, sondern auf Vergleichen und Ähnlichkeiten beruhen. Damit können wir Erfahrungen aus ganz unterschiedlichen Bereichen miteinander abgleichen und unter Umständen übertragen.

„Wenn ich an eine Kuh denke, dann denke ich an Milch.
Ist die Kuh lila, dann denke ich an Schokolade.
Und ist die Kuh ein Stier, dann denke ich an eine Wiese im Süden Englands, auf der ich staunend entdeckte, wie schnell meine Mutter rennen kann."

Auf diese Weise stelle ich individuelle, nach außen willkürlich erscheinende Verbindungen zwischen Informationen beziehungsweise Begriffen her. Spontane Verbindungen, die ohne jeglichen logischen Zusammenhang von mir – und erst einmal nur von mir – in Verbindung gebracht werden.

Derartige nicht-logische subjektive Verbindungen bezeichnet man als Assoziationen.

Nun gehören diese drei Assoziationen jeweils einem anderen Typus an.

Die erste ist zwar nicht gerade logisch, aber auch nicht ganz unlogisch, und wird vermutlich von vielen Menschen geteilt. Die zweite ist dagegen völlig unlogisch, aber immer noch für viele Menschen nachvollziehbar, dafür hat ein Schweizer Schokoladen-Hersteller schließlich mit großem Werbeaufwand gesorgt.

Die dritte ist hoffnungslos unlogisch, rein situativ und so subjektiv, dass nur in mir allein diese Assoziation existieren kann.

„Denke ich an Milch, dann denke ich an einen Cappuccino. Denke ich an Schokolade, dann denke ich an meine Figur, und denke ich an besagte Wiese, dann fallen mir Fischreiher im Abendlicht ein (denn diese habe ich als Kind dort oft beobachtet, der missmutige Stier war nur ein einmaliger Gast)."

Sie sehen, einmal in Gang gesetzt, lassen sich Assoziationen fortsetzen. Sie können Ketten bilden wie eine logische Schlussfolgerung, wenn auch weder linear noch objektiv nachvollziehbar. Sie führen weder zu einem vorgegebenen Ziel noch sind sie steuerbar – und gerade deshalb sind sie so wertvoll, da sie über das Gewohnte und „das Denkbare" hinausgehen.

Assoziationen sind Verbindungen von Informationen, die weder zwingend noch logisch sind, aber irgendwo in unserer Erinnerung oder Erfahrung bereitstehen. Sie katalogisieren gewissermaßen unsere Erfahrungen. Diese können bei vielen Menschen identisch sein – wie etwa das Paar „Schlüssel – Schloss", das ist ja einfach naheliegend. Assoziationen können aber genauso nur für einen einzigen Menschen Gültigkeit haben. Sie stammen aus unseren individuellen Erfahrungen oder unserem Erleben und sind daher meist für andere Menschen nicht nachvollziehbar.

Kurz: Sie sind chaotisch. Trotzdem sind sie ein Ordnungssystem – nur eben ein chaotisches. Denken Sie nur an die *Eselsbrücke* ...

Das mag erst einmal nicht sehr überzeugend klingen und eher zu den Risiken und Nebenwirkungen des Denkens zu gehören. Es ist aber eine Kern-Ressource des Denkens.

Umgangssprachlich als *Querdenken* bekannt, wird dieses wissenschaftlich als *laterales Denken* bezeichnet. Dieser Begriff stammt von dem 1933 auf Malta geborenen britischen Mediziner und Schriftsteller Edward de Bono, der als einer der führenden Experten für die Entwicklung der Kreativität und Kreativitätstechniken gilt.

Dieses „laterale Denken" ist der Schlüssel zur Kreativität und der Funktionsweise Ihrer „inneren Suchmaschine".

Was müssen Sie nun tun, um ins Assoziieren zu kommen? Sehr einfach: nichts! Konzentrieren Sie sich einfach auf nichts, dezentrieren Sie sich – und schon sind Sie im Assoziations-Modus.

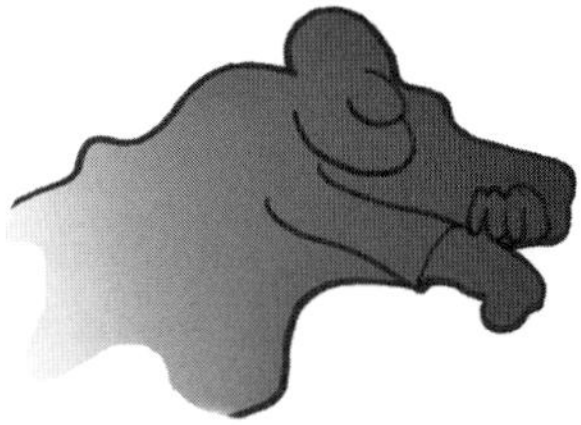

Probieren wir das mal aus: diese Illustration zeigt einen Mann, oder auch ...?

Dieser ist gewissermaßen unser Standard-Modus, und wir verlassen ihn nur, um uns auf etwas zu konzentrieren. In diesem Standard-Modus verarbeiten wir unsere äußeren und inneren Wahrnehmungen. Wir setzen uns mit allem möglichen ausei-

nander, was uns gerade in den Sinn kommt, und in den Sinn kommt uns, was wir gerade assoziieren.

Assoziationen stellen sich also fortwährend ein, solange wir sie nicht zurückdrängen, um uns ganz auf etwas zu konzentrieren.

Wir können diese Assoziationen nicht lenken, aber wir können ihnen Themen und eine Richtung vorgeben. (Dem werden wir später noch genauer nachgehen.) Das können Sie selbst erreichen, aber auch Andere können in Ihnen bestimmte Assoziationen auslösen, zielgerichtet und mit voller Absicht. Werfen wir mal eben einen Blick auf eine Branche, die sich mit nichts anderem befasst, denn dort wird das Wesen der Assoziation deutlich.

Die Erzeugung gezielter Assoziationen ist das tägliche Brot jeder Werbeagentur und die so erzeugten Assoziationen sind der Stoff, aus dem erfolgreiche Werbemaßnahmen gestrickt sind.

Bekanntlich ist eine rein sachliche Produktwerbung, die sich auf die nachweisbaren Vorzüge eines Produktes beschränkt, eine seltene Erscheinung. Es wird vielmehr dafür gesorgt, dass der potenzielle Käufer das Produkt mit seinen Wünschen und Idealen, begehrenswerten Eigenschaften oder sozialem Status verbindet – also assoziiert.

Da verspricht ein amerikanischer Treibstoffhersteller seinen Kunden den „Tiger im Tank" – wörtlich genommen bestimmt keine sehr verlockende Vorstellung. Produkte eines amerikanischen Tabakkonzerns sollen vorzugsweise von Cowboys geraucht werden, und ein französisches Kraftfahrzeug zeichnet sich dadurch aus, dass man durch dessen geöffnete Schiebetüren eine Hängematte spannen kann – *savoir vivre*, ja, aber gewiss kein Kriterium beim Autokauf.

Logisch betrachtet war das alles blanker Unsinn, unter kreativen Gesichtspunkten aber gute Arbeit. Und – bezogen auf den Umsatz – erfolgreich.

Diese Beispiele führen uns zu dem zweiten wesentlichen Faktor des assoziativen Denkens: dem Symbol.

Symbole sind gewissermaßen feste Verknüpfungen von Assoziationen, ganze Pakete, die wachgerufen werden, wenn wir dem Symbol begegnen. Sie sind wie Ordner, in denen sich eine Unmenge von assoziierten Informationen bündeln lassen.

Jeder hat seine kleinen, privaten Symbole, aber *richtige* Symbole sind kollektiv verständlich. Diese und die in ihnen gebündelten Assoziationen sind nicht mehr an eine Person gebunden, sondern sind weitläufig entschlüsselbar und wirksam, wie eben zum Beispiel ein Tiger.

Wer den Tiger im Tank hat, hat kein Säugetier der Gattung Panthera tigris im Kraftstoffspeicher, sondern verfügt über reichlich Kraft, Dominanz und Überlegenheit – Assoziationen, die weltweit vorausgesetzt werden können. Sie begegnen dem Tiger ja auch in den „Tigerstaaten".

Symbolen begegnen Sie jeden Tag – und wenn es ein Firmenlogo ist. Ein bestimmtes Zeichen, eine bestimmte Farbe, eine eigene Typografie. Man spricht von *Wiedererkennungswert*, aber in Wirklichkeit geht es weit darüber hinaus. Wenn ich hier „die Marke mit dem Stern" erwähne, wissen Sie nicht nur sofort, wer gemeint ist, sondern es meldet sich auch eine Menge an Assoziationen bei Ihnen zu Diensten. Sie können ja einmal den Versuch machen und alles, was Ihnen zu dieser Marke einfällt, aufschreiben. Sie werden überrascht sein, wie lang diese Liste ist.

Symbole dienen also dazu, schnell und übersichtlich auch sehr komplexe Inhalte wachzurufen, sie sind bequeme und funktionale Stellvertreter langgezogener und ermüdender Erläuterungen.

Tipp: Diese Assoziationen können sinnvoll oder unsinnig sein (wir erleben das auch beim Erinnern). Aber auch die haarsträubendste Assoziation mag wiederum zu einem entscheidenden Schlüsselbegriff führen und damit ein Schritt auf dem Weg zur Lösung sein. Haben Sie also etwas Geduld und versuchen Sie, möglichst unvoreingenommen die Botschaft zu verstehen.

Ist Ihnen in diesem Kapitel etwas aufgefallen? In diesem Kapitel hatten wir sehr viel mit Bildern zu tun: Tiger, Cowboys und Hängematten lösen zwangsläufig innere Bilder aus. Und hätte ich einen „Stern" erwähnt und nicht „die Marke mit dem Stern", wäre bei Ihnen ein anderes inneres Bild ausgelöst worden.

Kein Wunder: Viele Assoziationen zeigen sich uns in bildlicher Form, und ein Symbol ist immer auch eine Art Bild. Mit dem Sinn und Zweck des bildhaften Denkens werden wir uns deshalb im nächsten Kapitel auseinandersetzen, vorher aber noch ein paar Übungen zur Assoziation.

1.11 Assoziationsübungen

Allgemeine Übungen zu Assoziationen

Viele Redewendungen in unserem Sprachgebrauch sind assoziativ. Wenn einer „wie der Ochs vorm Berg" steht, hundsgemein ist oder Ihnen mit Engelsgeduld etwas durch die Blume sagt – Assoziationen gehören auch zum Alltag. Und genau dort, im Alltag, können wir unser Talent zum Assoziieren üben und ausbauen:

- erfinden Sie treffende Spitznamen für Kunden und Kollegen,
- suchen Sie Symbole für bestimmte Typen von Kunden, Geschäftspartnern oder Branchen (Tiergestalten, Film- oder Comicfiguren, Sagengestalten und so weiter),
- assoziieren Sie Menschen oder Situationen mit Farben, Klängen oder Gerüchen,
- formulieren Sie bildhafte Vergleiche.

Und natürlich das Wolkenspiel – das ist nicht nur für Kinder! Woran erinnert denn die Form dieser Wolke? Und die jener? Eine perfekte Assoziationsübung.

Übungsteil Assoziieren

Welchen dieser Weine – wir gehen einmal davon aus, dass sie sich im Preis nicht unterscheiden – würden Sie bevorzugen und warum?

....

....

....

Was fällt Ihnen spontan zu folgenden Orten ein?

London? ....

Paris? ....

Rom? ....

Hongkong? ....

Helgoland? ....

Dublin? ....

Hawaii? ....

Marbella? ....

Issos? ....

Entenhausen? ....

Venedig? ....

Wenn der Löwe der König der Tiere ist, wer ist dann der Hofnarr?

Wenn Tiere Auto fahren würden, welche Marke fährt ein:

Pfau?

Gepard?

Faultier?

Wildschwein?

Storch?

Welche Warenangebote und Branchen erwarten Sie hinter diesen Firmenschildern?

Die Verpackung spielt bekanntlich eine wesentliche Rolle beim Kauf eines Produkts. Diese Schokoladentafeln sind bereits ihrer Verpackung entnommen und unterscheiden sich lediglich in Form und Struktur. Welche Schokolade scheint Ihnen die hochwertigste zu sein, welche die billigste? Bitte bewerten Sie die Tafeln mit 1 für die beste und 4 für die schlechteste.

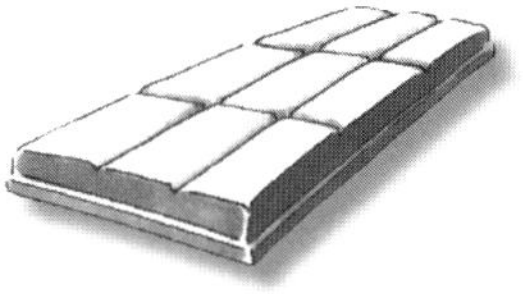

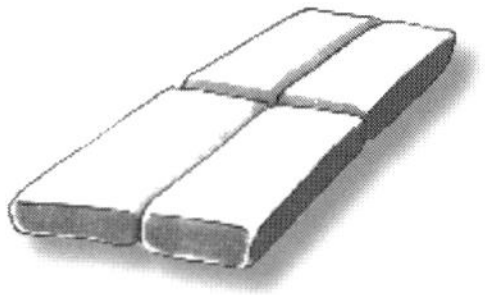

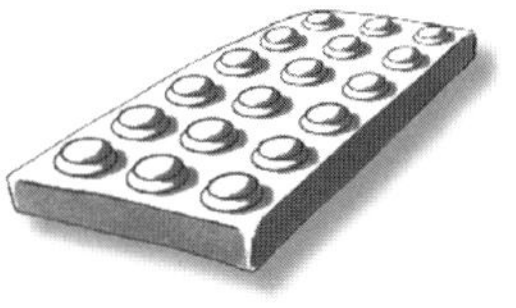

Angenommen Sie arbeiten bei einer Firma, die im großen Stil in den Elektronik-Einzelhandel einsteigen möchte. Ihre Aufgabe wäre es, unter dem gleichen Firmennamen zwei unterschiedliche Pilotprojekte zu starten. Der Laden A platziert sich über Kompetenz und hohen Qualitätsanspruch, der Laden B über sensationell günstige Preise.

Welcher Schrifttyp eignet sich jeweils für das Logo?

High-Tech4U	High-Tech4U
High-Tech4U	HIGH-TECH4U
High-Tech4U	High-Tech4U
HIGH-TECH4U	High-Tech4U
High-Tech4U	**High-Tech4U**

Jetzt gehen wir noch einen Schritt weiter – hin zum Firmengründer! Versuchen Sie doch einmal für eine neue Firma einen attraktiven Firmennamen zu finden, einen passenden Slogan und ein einprägsames Symbol. Das Symbol kann eine Sagengestalt sein, ein Tier, ein Werkzeug oder ein Gewächs – Hauptsache, es erzeugt positive Assoziationen zum Auftritt der Firma. (Ein Faultier eignet sich also weit weniger als eine fleißige Ameise, ein Bär aber kann auch gut zupacken und ist sympathischer als die Ameise …)

Versuchen sie es einfach einmal und lassen Sie sich Zeit – auch wenn Sie nach ein paar Tagen noch nicht den zündenden Einfall hatten: nicht aufgeben! Suchen Sie sich ein, zwei Branchen aus, zum Beispiel:

Werkzeughandel	Logistik-Unternehmen
Finanzdienstleister	Bio-Food-Discounter
Tiefbau	KFZ-Dienstleister
Immobilienmakler	Touristik

Sie sind Personalchef eines großen Konzerns – und in einer unangenehmen Lage, denn der Vorstand hat – ohne Absprache mit Ihnen – aus taktischen Gründen einige Promis eingestellt. Diesen müssen Sie nun möglichst geeignete Aufgaben zuteilen. In welche Abteilung schicken sie:

Gérard Depardieu? ....

Mr. Bean? ....

Madonna? ....

David Copperfield? ....

Whoopie Goldberg? ....

Sebastian Vettel? ....

Richard Gere? ....

(Auch wenn es schwierig sein mag, finden Sie eine geeignete Lösung!)

Ein Pinguin auf dem Flughafen ist wie welches Tier auf dem Laufband?

1.12 Kreativität und Bildsprache

Bilder, sichtbare wie auch innere Bilder, stellen die dritte Säule der Kreativität dar und sind mit Ordnern zu vergleichen, die die über Assoziationen gesammelten Informationen bündeln und zusammenfassen. Ein Bild kann sehr viele Informationen enthalten und diese zeitgleich, also nicht Schritt für Schritt, vermitteln. Ein bekanntes Beispiel dafür ist ein Firmenlogo.

Wenn das Assoziieren der Schlüssel zur Kreativität ist, dann ist das Bildhaft-Symbolische so etwas wie die Sprache der Kreativität. Ein Bild soll ja mehr als 1.000 Worte sagen – nicht, dass 1.000 Worte unbedingt viel sagen müssen, aber in einem Bild können tatsächlich eine Menge an Informationen zusammengefasst werden.

Die folgende Illustration konzipierte der Autor im Auftrag eines süddeutschen IT-Ausstatters. Dieser wünschte eine Sympathiefigur, die dem Kunden auf einen Blick vermittelt, dass die Dienstleistungen der Firma schnell, kompetent und freundlich sind, vor allem aber exakt den Kundenwünschen angepasst werden.

Der Vogel steht hier für Schnelligkeit und Flexibilität, der Werkzeugkoffer und der „blaue Anton" für die technische Kompetenz, Kragen und Krawatte in Firmenfarben für korrekte Dienstleistung und die Brille für Intelligenz, Aufmerksamkeit und Sachkompetenz. Natürlich sagt eine Brille nichts über die Bildung Ihres Trägers aus, aber in der visuellen Kommunikation funktioniert dieses Symbol bestens. Die Flügelchen an den Schuhen (eine Anleihe bei dem antiken Gott Hermes) stehen für eifrige Beeilung. Das Bemerkenswerte ist, dass diese Assoziationen gleichzeitig ausgelöst werden – Bilder und Symbole sind auch da sehr eng verwandt. Dass beide im kreativen Denken eine große Rolle spielen, verwundert nicht, wenn man einmal verbale mit visueller Kommunikation vergleicht.

verbal	**visuell**
logisch	assoziativ
Worte/Begriffe	Bilder/Symbole
präzise	umfassend
linear	vernetzt
Schritt für Schritt	simultan
einspurig	mehrspurig
an Sprache gebunden	von Sprache unabhängig

Vergleich: verbale und visuelle Kommunikation

Kommt Ihnen das bekannt vor? Wie bei der Logik und der Kreativität zwei unterschiedliche Denkverfahren vorliegen, so haben wir es auch hier mit zwei sich ergänzenden Kommunikationsverfahren zu tun. Die Ähnlichkeiten sind deutlich. Und genauso wie bei der Logik und der Kreativität sind die beiden Verfahren für unterschiedliche Zwecke geeignet.

Auf visuelle, nicht-verbale Kommunikation sind wir beispielsweise angewiesen, um Verhältnismäßigkeiten übersichtlich (!) oder überhaupt nachvollziehbar darzustellen:

- Diagramme, ob Balken- oder Kuchendiagramm, zeigen auf einen Blick Relationen auf,
- Karten stellen räumliche Positionen anschaulich dar (stellen Sie sich bitte einmal einen Stadtplan in reiner Textform vor ...),
- Baupläne ermöglichen erst Konstruktionen.

- Piktogramme vermitteln einfache Informationen, unabhängig von Sprache und Schrift.

Bei anderen Gelegenheiten ziehen wir Bilder oder Symbole heran, um Inhalte anschaulich (!) zu machen:
- Metaphern, zum Beispiel: „Jetzt sind wir am Ende der Fahnenstange angelangt!"
- Charakterisierungen, zum Beispiel: „Der Vorsitzende, dieser Fuchs, wusste das schon vorher"
- Visualisierungen, die bildhaft Ziele, Visionen oder Vorgehensweisen beschreiben

Oder wir übertragen verbale Inhalte in eine bildhafte Form, um sie überschaubar (!) zu machen:
- Bei einer Mindmap legen wir eine Übersichtskarte unserer Gedanken an.
- Auf einem Flipchart ordnen wir Stichworte übersichtlich an.
- Wir verwenden Titelillustrationen, um den Inhalt eines Print-Produkts, wie eines Buchs, zu symbolisieren.

Auf all diese Mittel greifen wir zurück, um uns besser verständlich zu machen. Damit wir uns ein Bild (!) machen können, den Überblick (!) erlangen, um im Bilde (!) zu sein.

In anderen Fällen ist natürlich der verbale Weg vorzuziehen – versuchen Sie einmal eine logische Argumentation, eine Analyse oder nur eine simple Multiplikation wie 7 × 8 bildlich darzustellen ...

Wie bei dem vorausgegangenen Vergleich zwischen Logik und Kreativität ist es meistens notwendig, beide Kommunikationsformen zusammenwirken zu lassen. Ein übersichtlicher

Bauplan ist wertlos ohne Maßstab und exakte Maße, ferner müssen Materialien definiert und Abläufe präzisiert werden.

Um zu unserem Thema, der Kreativität und ihrer „Sprache" zurückzukehren: Gemeinsam ist allen Beispielen, dass auf diese Art komplexe Inhalte so einfach und überschaubar wie möglich dargestellt werden, beziehungsweise dass ein komplexes Ganzes schnell erfasst werden kann.

Tipp: Versuchen Sie einmal, eine bildhafte Sprache mit möglichst vielen visuellen Vergleichen einzusetzen. Geeignet sind dafür auch Comicfiguren, Filmstars und -szenen, vor allem aber verbale Metaphern und bekannte Szenen aus Märchen, Legenden und Sagen.

Auch aktuelle Bezüge eignen sich dazu, wie zum Beispiel: „Haben Sie das Foto in der Zeitung heute gesehen? Erinnert das nicht an die Situation bei ...?"

1.13 Übungen zu Symbol und Bild

Wie sähe ein Stuhl aus, wenn unsere Knie in die andere Richtung klappen würden?

Hier testen Sie Ihre Vorstellungskraft und Ihr Geschick in der Entschlüsselung und innerlichen Erzeugung von Bildern:

Erfinden und beschreiben Sie Ihren idealen Urlaubsort:

Sie sollen bemerkenswerte Szenen aus dem politischen Geschehen des vergangenen Jahres verfilmen, die beteiligten Politiker sollen allerdings durch passende Schauspieler ersetzt werden. (Sie dürfen auch bereits verstorbene Schauspieler nennen – sie müssen einfach nur passen. Ob der Film zu einer Tragödie oder einer Comedy-Show wird, bleibt ganz Ihnen überlassen)

.... wird dargestellt von ....

.... wird dargestellt von ....

.... wird dargestellt von ....

.... wird dargestellt von ....

.... wird dargestellt von ....

.... wird dargestellt von ....

.... wird dargestellt von ....

.... wird dargestellt von ....

Und hier üben Sie Ihre Vorstellungskraft

Stellen sie sich vor, Mr. Bean würde Sie zwei Wochen an Ihrem Arbeitsplatz vertreten ...
Stellen Sie sich vor, Ihren Berufsalltag zu einer Filmkomödie umzuschreiben ...
Stellen Sie sich vor, Ihr Chef verlangt eines Tages genau das Gegenteil von dem, was Sie sonst erfüllen müssen ...
Listen Sie einmal auf, was Sie anstelle Ihres Chefs oder Kollegen anders machen würden ...

1.14 Der kreative Prozess – und was Sie vorher wissen sollten

In diesem letzten Kapitel des theoretischen Teils betrachten wir den Ablauf des kreativen Prozesses. Sie können sich dabei schon einmal auf eine gute und eine schlechte Nachricht gefasst machen

Das ist Ihnen sicher schon einmal passiert: Ein Begriff oder ein Name will Ihnen partout nicht einfallen, obwohl er Ihnen doch „auf der Zunge liegt". Schließlich geben Sie die Suche auf, Ihre Aufmerksamkeit wendet sich etwas anderem zu und plötzlich, ohne jede Vorwarnung, fällt Ihnen der gesuchte Begriff oder Name ein.

Ein ähnliches Phänomen ist schön beschrieben in der Legende von der Entdeckung des Gesetzes der Schwerkraft durch Isaak Newton. Nach dieser Legende wollte es ihm trotz umfangreicher Forschung und etlicher Versuche nicht gelingen, seine Erkenntnisse in einer mathematischen Formel auszudrücken. So viel er auch darüber nachdachte, die Lösung stellte sich nicht ein. Bis ihm, in einem entspannten Moment unter einem Apfelbaum, ein Apfel auf den Kopf fiel und dadurch die entscheidende Formulierung ausgelöst wurde.

Diese beiden Geschichten beschreiben einen kreativen Prozess, nämlich die Suche nach einer vergessenen beziehungsweise neuen Information. In beiden Fällen findet sich die Lösung, wird jedoch nicht prompt, sondern mit einer kleineren oder größeren Zeitverzögerung geliefert.

Diese Zeitverzögerung ist leider keine Seltenheit. Wir sprachen ja schon in dem Kapitel über den Zugang zur Kreativität darüber. Die Ergebnisse eines kreativen Prozesses werden, anders als bei den meisten logischen Prozessen, nur selten umgehend geliefert. Es kann sich um Sekunden handeln oder – schlimmstenfalls – um Monate, je nachdem, wie kompliziert das Problem sich darstellt.

Das ist die schlechte Nachricht – sagen Sie nicht, ich hätte Sie nicht gewarnt.

Und jetzt die gute Nachricht: Sie werden dabei trotzdem nicht viel Zeit verlieren. Denn ein kreativer Prozess, einmal in Gang gesetzt, läuft ständig und unaufhaltsam im Unterbewusstsein weiter. Sie merken es nicht einmal. Sie müssen sich nicht einmal darum kümmern. Er kann buchstäblich auch im Schlaf weitergehen. Sie brauchen den kreativen Prozess lediglich vorzubereiten und auszulösen.

Vereinfacht dargestellt sind zwei Dinge zu tun, um einen kreativen Prozess auszulösen:

1. Sie formulieren das Problem und die Fragen, die sich daraus ergeben. Dabei vergegenwärtigen Sie sich die logischen Lösungen, die Grenzen und Widersprüche, an denen diese scheitern (das Scheitern vorausgesetzt, denn sonst brauchen Sie ja keine kreative Lösung).
2. Sie entspannen, lösen sich von diesen Überlegungen, richten Ihre Aufmerksamkeit auf etwas anderes und warten ab, was Ihnen alles dazu einfällt, so viel wie möglich, egal wie unrealistisch es sein mag.

Wenn dann eine oder ein paar interessante Lösungen zusammengekommen sind, können Sie damit beginnen, über deren Umsetzung nachzudenken.

Ähnlich, aber etwas umfassender formuliert ist die Kreativitätsforschung. Hier wird der kreative Prozess im Allgemeinen in fünf Phasen unterteilt, wie bei diesem Modell des Begründers der Flow-Theorie Mihály Csikszentmihalyi. Er wurde 1939 als Sohn eines ungarischen Konsuls in Italien geboren, wanderte in die USA aus und lehrte Management an einer kalifornischen Universität. Durch seine Flow-Theorie wurde er international bekannt.

Er unterteilt den kreativen Prozess in fünf Phasen:
- Vorbereitungsphase
- Inkubations-/Reifungsphase
- Einsicht/Aha-Erlebnis
- Bewertung
- Ausarbeitung

Die *Vorbereitungsphase* dient vor allem dazu, die Fragestellung so konkret wie möglich zu klären, das heißt die Problematik zu definieren, sich alle abrufbaren Lösungsansätze und deren Schwächen zu vergegenwärtigen.

Die *Inkubationsphase* ist die eigentliche kreative Phase. Sie beginnt mit der Loslösung von allen logischen Verknüpfungen. Kreativitätstechniken für Gruppen setzen dabei auf Spielregeln, die der logischen Analyse keinen Raum lassen: schnelle Spontaneität wie beim Brainstorming oder -writing ist nur eine davon. Je mehr man sich von der Logik lösen kann, umso leichter wird die assoziative Suche nach den Alternativen. Dabei werden Sie mehr oder weniger in einen etwas veränderten

Bewusstseinszustand geraten, der auch als „Floating“ bezeichnet wird und in dem beispielsweise das Zeitgefühl stark nachlässt. Die Dauer dieser Reifungsphase ist nicht vorherzusagen und kann sich, wie ja bereits angesprochen, über sehr unterschiedliche Zeiträume erstrecken.

Das *Aha-Erlebnis* ist gewissermaßen der Apfel auf Newtons Kopf, die plötzliche Erkenntnis der gesuchten Lösung. Erfahrungsgemäß überfällt uns diese Erkenntnis am liebsten, wenn wir nicht damit rechnen, und sicher bevorzugt, wenn wir entspannt sind. Wie viele gute Ideen haben sich schon nachts im Bett, auf Spaziergängen, in der Badewanne oder unter der Dusche offenbart!

Die kreative(n) Idee(n) sind aber lange noch keine Lösungen. Der nächste Schritt ist die *Bewertung*, vor allem die der Machbarkeit. Wir wissen ja, die Umsetzbarkeit interessiert die Kreativität überhaupt nicht, und wir brauchen wieder unser logisches Denken, um die Ergebnisse zu bewerten.

Ist diese Hürde genommen, bedarf die kreative Idee zur Umsetzung noch einer detaillierten *Ausarbeitung*, um die Umsetzung in die Realität zu planen – wozu meist wieder ein Quäntchen Kreativität gebraucht wird.

Das alles spiegelt sich in einer Überlieferung aus dem alten Griechenland. 480 v. Chr. war eine persische Streitmacht unter Xerxes bis nach Athen vorgestoßen. Jetzt war für die Griechen eine wirklich gute Idee – nennen wir es kreative Lösung – vonnöten, um die zahlenmäßig weit überlegenen Perser zurückzuschlagen. In solchen Fällen befragte man damals das Orakel von Delphi, welches den Rat gab, Schutz zu suchen hinter hölzernen Mauern.

Na danke, und was sollte das bedeuten? Schließlich wurde das Verdikt aus Delphi so bewertet, dass mit den „hölzernen Mauern" die kleine, aber moderne Kriegsflotte gemeint war. In der folgenden Seeschlacht bei Salamis wurden die Perser vernichtend geschlagen, und Xerxes, der seinen sicher geglaubten Sieg über die Griechen von einem nahe gelegenen Berg aus beobachten wollte, war sicher „not amused".

Tipp: Sie arbeiten sicherer, wenn Sie diese Phasen kennen und identifizieren können. Es lohnt sich, nach einem abgeschlossenen kreativen Prozess ein kurzes Protokoll zu erstellen und zuzuordnen, was in welcher Phase geschehen ist.

Diese Phasen zu kennen ist hilfreich, allerdings werden Sie nicht in jedem kreativen Prozess nachvollziehbar Schritt für Schritt durchlaufen. Wenn Sie in einem dünnen Zelt inmitten eines Rudels Großkatzen aufwachen, bleibt Ihnen auch nicht genügend Zeit dafür – doch mehr dazu im nächsten Teil des Buches.

1.15 Zusammenfassung – was also ist Kreativität?

Bevor wir unsere Aufmerksamkeit den verschiedenen Formen widmen, in denen uns die Kreativität begegnet, möchte ich das Bisherige knapp zusammenfassen.

Die Kreativität ist eine angeborene Eigenschaft, die jeder trainieren und ausbauen kann.

Im Alltag bewältigen wir die meisten Anforderungen aus unserer Erfahrung heraus. Können wir einmal nicht auf Erfahrung zurückgreifen, dann haben wir zwei Helfer: unseren Verstand oder unsere Kreativität. Mit dem Verstand analysieren und bewerten wir, mittels der Kreativität suchen wir nach vergleichbaren Situationen und alternativen Lösungen.

Aufgabe der Kreativität ist, uns zu ermöglichen:

- neue Ideen zu entwickeln,
- Informationen aus unseren gesammelten Erfahrungen und Wahrnehmungen bereitzustellen und zu nutzen,
- komplexe Zusammenhänge zu übersehen und zu ergründen.

Die Arbeitsweise der Kreativität ist es, Informationen, die wir aus der Summe der in unserem Gedächtnis archivierten Erfahrungen und Wahrnehmungen abrufen können, neu zu verknüpfen. Auf diese Art werden uns unbekannte Alternativen aufgedeckt.

Dazu bedient sich die Kreativität überwiegend einer Bildsprache, sowohl bei der Wiedergabe gespeicherter Informationen als auch bei der Vermittlung von Ideen oder der Erfassung komplexer Zusammenhänge.

Damit stellt die Kreativität eine perfekte Ergänzung zu unserem logischen Denkapparat dar.

Die Entwicklung kreativer Ideen wird als *kreativer Prozess* bezeichnet. Von einer *kreativen Lösung* kann erst gesprochen werden, wenn das Ergebnis auch einer rationalen Überprüfung standhält.

Während das logische Denken der linken Hirnhälfte sich eines „instrumentalen" Denkstils bedient, ist der Denkstil der kreativen rechten Hirnhälfte „rezeptiv".

2.
Wie sich Kreativität im Alltag zeigt

Hier lassen wir jetzt die theoretischen Grundlagen hinter uns und wenden uns praktischen Beispielen kreativer Lösungen zu.

Es gibt allerdings nicht die kreative Lösung als solche – aus der Nähe betrachtet gibt es erhebliche Unterschiede im kreativen Ansatz und im kreativen Prozess.

Zum besseren Verständnis habe ich mir erlaubt, die Beispiele in sieben Kategorien aufzuteilen und deren Merkmale an praktischen Beispielen darzustellen.

2.1 Improvisation – die alltägliche Kreativität

Improvisationen sind zielgerichtete, spontane Lösungen, die aus einem Bedarf entstehen.

Improvisationen sind der gängigste Auftritt der Kreativität. Meist in harmlosen Situationen, die sich immer wieder von selbst ergeben: Wir finden irgendetwas nicht und suchen geeigneten Ersatz.

Es liegt hier immer ein Bedarf zugrunde. Meist spontan und planlos suchen wir nach einer möglichst naheliegenden Ersatzlösung. Wir ersetzen den benötigten Gegenstand oder ein zweckmäßiges Gerät durch etwas anderes. Improvisationen sind einfallsreiche Zweckentfremdungen.

Not macht erfinderisch. Ein kreativer Prozess, wie er im vorausgegangenen Artikel beschrieben wurde, findet hier nur selten statt. Wir lassen uns leiten bis zu einer Idee, und diese erkennen wir meist nicht einmal bewusst. Wir denken nicht weiter darüber nach, sondern wir handeln.

Bewähren sich solche Improvisationen, dann können sie auch zur Gewohnheit werden oder als Tipp weitergegeben werden, wie etwa das Salz auf dem Rotweinfleck oder der aufgeschnittene Tennisball auf der Anhängerkupplung. Selbst ein Rezept zur Zubereitung von Lachs in der Geschirrspülmaschine habe ich schon im Internet gefunden.

Es gibt wohl nur wenige Probleme, die man nicht mit Klebeband, Streichholz, Büroklammer & Co. lösen kann (mir hat einmal ein freundlicher Helfer mein Auto mit einer Büroklammer wieder flott gemacht).

In der legendären Sendung „Beat Club" beeindruckte eine amerikanische Sängerin ihr Publikum mit ihrem gewagten Kleid mindestens so sehr wie mit ihrer Stimme. Erst später stellte sich heraus, dass der Auftritt beinahe geplatzt wäre, da sie den zu dem Kleid benötigten Spezial-BH vergessen hatte. Sie konnte das Problem jedoch mit Klebeband lösen.

Ich war einmal in einer angesagten Pizzeria bei Freiburg, wie so oft waren alle Tische belegt. Plötzlich kam ein Mann mit Familie herein und forderte umgehend einen Tisch, er hätte schließlich reserviert – das alles sehr theatralisch. Die Gäste genossen das Theater. Der nächste Akt war die lautstarke Forderung an den Kellner, den Geschäftsführer zu sprechen. Dieser befragte den erregten Mann sehr freundlich, ob er tatsächlich angerufen habe. „Natürlich!", schrie der Mann. „Die Nummer 4592311?" „Ja!", schrie der Mann wieder. Der Geschäftsführer darauf: „Aber das ist nicht unsere Nummer …"

Es muss aber nicht dramatisch sein. Der Tisch wackelt? Es findet sich immer etwas, um es unter das Tischbein zu schieben. Kein Hammer da? Schlagen wir den Nagel mit der Beißzange in die Wand! Das große Tischtuch nicht gewaschen? Ein Bettlaken tut's auch.

2.2 Der Einfall – die unerwartete Kreativität

Einfälle sind ziellose, spontane Ideen, die unerwartet und weder aus einem Bedarf heraus noch in Hinblick auf eine gewünschte Lösung plötzlich entstehen.

Spontane Gags und schlagfertige Antworten – warum und woher wir diese Ideen haben, ist gänzlich unerforscht. Tatsache aber ist, dass es sich dabei um lupenreine Kreativität handelt: Informationen werden neu verknüpft, blitzschnell und ohne dass jemand danach gefragt hätte.

Einfälle sind einfach plötzlich da. Anders als bei Improvisationen gehen diese spontanen Ideen aber nicht auf einen Bedarf zurück. Genauso wenig dienen sie der Lösung eines Problems, sie zeigen sich als schlagfertige und oft witzige Antwort, als zynischer Kommentar oder einfach nur im Alltag, wenn wir plötzlich beschließen, einen Kaffee trinken zu gehen.

Einfälle bringen uns auch dazu, einmal etwas auszuprobieren, ohne ernsthaft über das Ergebnis nachzudenken oder Erwartungen an das Ergebnis zu stellen. Vermutlich beruhen die meisten Erfindungen und Errungenschaften der Menschheit auf einem plötzlichen Einfall.

In Brüssel wurden neue europäische Branchen-Statistiken diskutiert. Aus den Zahlen ging unter anderem hervor, dass in Großbritannien in Relation zur Bevölkerung mehr Köche arbeiten als im berühmten Schlemmerland Frankreich. Ein Abgeordneter bemerkte: „Die haben wohl ihre Leibwächter mitgezählt!".

So kann es auch nur eine spontane Idee gewesen sein, die zur Erfindung der Drucktechnik der Radierung führte. Bei dieser Tiefdrucktechnik werden die Vertiefungen, in die die Druckfarbe gerieben wird, mittels Säure in eine Metallplatte geätzt. Das Einätzen von Linien in Metall war damals ein bekanntes Verfahren, um das Verzieren von Ritterrüstungen zu erleichtern.

Der amerikanische Komiker Groucho Marx, bekannt für seine spitze Zunge, stutzte einst die Hecke an seinem Anwesen in Santa Monica. Dabei wurde er von einer Busladung Touristen überrascht, die ihn allerdings nicht erkannten. „Wer wohnt denn hier?", fragten die Touristen neugierig. „Groucho Marx" antwortete dieser und gab sich als Gärtner aus. Ob er denn gut bezahlt würde, war die nächste Frage. „Nein, die Bezahlung ist lausig, aber ich darf mit seiner Frau schlafen", war die entnervte Antwort.

2.3 Inspiration – Kreativität mit Zielvorgabe

Inspirationen sind Zielvorgaben, die unsere Kreativität herausfordern. Das Ergebnis steht bereits im Voraus fest, wir setzen unsere Kreativität ein, um dieses Ergebnis zu erzielen. Inspirationen kreieren selbst den Wunsch, dessen Erfüllung uns antreibt, erschaffen also ihren eigenen Bedarf, und stehen als Lösung am Anfang eines kreativen Prozesses.

Inspirationen sind nicht nur Künstlern vorbehalten. Auch Erfinder, Forscher und Techniker lassen sich gerne inspirieren, nicht zuletzt von der Natur. Da werden Flugapparate nach dem Prinzip des Insektenflugs genauso gebaut wie vielbeinige Roboter, oder es wird nach Materialien gesucht, die so flexibel und belastbar sind wie ein Spinnenfaden. Inspiration ist immer eine Mischung von Kreativität und etwas Ideenklau. In der Kunst vielleicht noch etwas mehr Ideenklau, die Kunstgeschichte ist voll davon.

Ob die Inspiration von etwas Existentem oder einer Vision ausgelöst wird, zuvorderst steht die Erkenntnis, dass es sinnvoll und lohnend ist, dieser Inspiration zu folgen. Man muss nur das Potenzial erkennen. Ein gutes Beispiel finden sie im Prolog, in der Geschichte mit der Holzkohle.

Eine Inspiration stellt den kreativen Kerngedanken an den Anfang des kreativen Prozesses, der dadurch quasi umgedreht wird. Das Ergebnis ist da, aber die Klärungen der Vorbereitungsphase sind die eigentliche kreative Herausforderung.

So oder so kann die Inspiration einen umfassenden kreativen Prozess auslösen. Auch wenn Sie sich von der kreativen Marketing-Idee einer ähnlichen oder völlig unterschiedlichen Branche inspirieren lassen, werden Sie für die Umsetzung trotzdem etliche eigene Kreativität benötigen, bis Sie diese Idee auf Ihre Branche übertragen haben.

Durch sein Hobby, die Jagd, wurde der Physiker Claus Mattheck auf diverse Anomalien und Korrekturen im Wachstum von Bäumen aufmerksam. Sein Interesse war geweckt und er erkannte die Möglichkeiten, die sich aus einer Erforschung dieser Phänomene ergeben könnten. Es gelang ihm, natürliche Konstruktionsprinzipien in Verfahren wie „Soft Skill Option“ und „Computer Aided Optimization“ umzuwandeln, mit deren Hilfe Ingenieure die Verwindungssteifheit und Stabilität technischer Bauteile bei gleichzeitiger Gewichtsersparnis optimieren können.

Die Rümpfe moderner Rennjachten und Handelsschiffe wie auch einiger Flugzeuge sind seit einigen Jahren mit sogenannten Riblet-Folien beklebt, deren Oberfläche der Haifischhaut nachempfunden ist. Forscher hatten nämlich festgestellt, dass deren raue Struktur einen geringeren Wasserwiderstand erzeugt als eine glatte Oberfläche.

Eine Inspiration der besonderen Art können Sie in Lugano bewundern. Beamte des Schweizer Zolls haben dort einmal ein selbst gebautes U-Boot aus dem Wasser gezogen, mitsamt dem Konstrukteur. Dieser war ein italienischer Schmuggler, der das Gefährt eigens gebaut hatte, um italienische Salami in die Schweiz zu schmuggeln.

2.4 Kreativitätswirtschaft – wenn die Kreativität zum Geschäft wird

Die Kreativwirtschaft arbeitet zielgerichtet und bedarfsorientiert. Sie bedient sich der Kreativität, um komplexe Inhalte zu einem vereinfachten, symbolischen Ganzen zu verarbeiten. Ihre Vorgabe ist es vor allem, Emotionen zu erzeugen und zu lenken.

Wenn die Künstler die Einzelkämpfer der Kreativität sind, dann ist die Werbewirtschaft ihre Söldnertruppe.

Kunst und Werbung sind unterschiedliche Branchen – Künstler sind Produzenten, die Werbung beschäftigt sich dagegen mit der Vermittlung von Produkten. Und doch arbeiten beide Branchen mit fast den gleichen Mitteln, sie folgen den gleichen Gesetzen der Ästhetik und visuellen Kommunikation.

Ein professioneller Landschaftsmaler – wie beispielsweise der großartige William Turner – überlässt nichts dem Zufall. Seine Aufgabe ist es ja nicht, die Landschaft dokumentarisch wiederzugeben, sondern dem Betrachter seinen Eindruck und seine Sichtweise dieser Landschaft zu vermitteln. Ähnlichkeiten sind dabei nicht zufällig, keineswegs, aber die Konzeption ist eine andere: Es sollen vor allem Emotionen geweckt werden.

Der Künstler ist dabei keinesfalls nur von seinen Emotionen getrieben, wie es gerne dargestellt wird, sondern er ist auch ein nüchtern denkender Regisseur, der sein Publikum zu bestimmten Emotionen und Erkenntnissen führen will.

Wenn Sie sich einmal die Kompositionen der „chaotischen" Bilder Pablo Picassos genauer anschauen, werden Sie erkennen, dass diese Bilder sehr gründlich durchdacht und aufgebaut sind.

Wie der Künstler soll auch eine Werbeagentur aus Fakten oder auch weniger faktischen Aussagen über das Produkt vor allem Emotionen erzeugen. Der potenzielle Kunde soll auf das Produkt aufmerksam gemacht werden, sein Interesse soll geweckt werden und schließlich soll der Wunsch entstehen, dieses Produkt zu besitzen.

Das Vorgehen beider ist beinahe identisch. Zunächst wird die Wirklichkeit des Motivs oder der Produktbeschreibung quasi in seine einzelnen Bestandteile zerlegt und alles Überflüssige weggelassen. Anschließend werden die wesentlichen Aussagen herausgearbeitet, aufeinander abgestimmt und so arrangiert, dass sie die maximale Wirkung auf den Betrachter haben.

In diesen Prozessen will eine enorme Komplexität bewältigt und auf ein Weniges reduziert werden. Daher wird gerne in Symbolen gedacht und kommuniziert. Jede Form, jede Farbe, jeder Gegenstand und jede Figur hat auch eine symbolische Aussage, die stark die Sicht- und Arbeitsweise in diesen Branchen prägt.

Die hohe Komplexität und das Fehlen „einfacher" Standards bringt also ein symbolorientiertes Denken hervor.

Auch wenn das nicht zum Einmaleins Ihres Berufs gehört – Sie setzen auch Symbole in der Kommunikation mit anderen Menschen ein. Statussymbole, Berufsbekleidung, die Einrichtung des Büros haben alle einen sowohl praktischen als auch symbolischen Wert. Das ist von sich aus nicht unbedingt kreativ, lässt sich aber kreativ nutzen.

2.5 Showtime – Kreativität als Aushängeschild

Kreativität muss nicht unbedingt ein Mittel zum Zweck sein – sie kann sich auch selbst produzieren und inszenieren. Die originelle, gewitzte Idee findet, selbst wenn sie völlig sinnlos ist, immer Aufmerksamkeit – und Beifall.

Die Einfälle und Tricks, mit denen Charlie Chaplin über seine Gegner triumphiert – wer kann sich deren Charme schon entziehen? Oder wenn der Hase gegen den Igel antritt – wird der schnelle Hase jemals einen Sponsor finden? Wir stehen doch alle geschlossen auf der Seite des Igels. Wir freuen uns immer mit, wenn der kleine Schwache den großen Dumpfen austrickst.

Das Ungewöhnliche ist interessanter als das Gewöhnliche, das Neue ist immer eine Nachricht wert, eine gute Idee erntet immer Aufmerksamkeit. Hier ist die Kreativität einmal nicht nur Mittel zum Zweck – sondern gleich noch der Zweck dazu. Da wird gezeigt, wie kreativ man sein kann. Wie in der Kreativwirtschaft geht es um Aufmerksamkeit, Interesse, Image – Showtime eben.

Da spielt es keine Rolle, ob die kreative Lösung Sinn macht oder vollkommen sinnlos ist, sie muss nur auffällig sein, aus ihrem gewohnten Zusammenhang gerissen und in einem völlig anderen, überraschenden Zusammenhang präsentiert sein. Je überraschender, umso besser – die kreativste Lösung gewinnt!

Es besteht noch eine weitere Parallele zur professionellen Kreativwirtschaft: Es geht auch um Symbolik. Je „einfacher" die Mittel, umso größer die Wirkung, je näher liegend die Idee, umso bewundernswerter ist sie. „Da hätte ich auch drauf kommen können" – dieser Satz ist hier als höchstes Kompliment zu verstehen. Halten Sie Ausschau nach originellen Dekorationen, hier finden Sie oft gute Beispiele für Showtime-Kreativität!

Mit wenigen Schweizer Franken gelang es dem Bruder einer Bekannten, sich als Steinmetz im Handumdrehen neu zu etablieren. Frisch nach Zürich gezogen und ohne Werbeetat musste er feststellen, dass er nur über teure Inserate auf sich aufmerksam machen konnte, Werbetafeln oder das Verteilen von Flyern waren auf den Friedhöfen dort nicht vorgesehen. Er fand jedoch heraus, dass es kein Reglement zum Abstellen von Fahrrädern vor dem Friedhof gab, und stellte zwei bunt bemalte „Werbe"-Fahrräder mit Flyern im Korb auf. Diese findige Idee gefiel dann einem Redakteur so gut, dass auch noch ein Bericht in der lo-

kalen Zeitung über ihn erschien. Damit spätestens war er im Geschäft.

Es geht aber auch komplizierter. Mein Lieblings-Werbegag stammt von einem großen norddeutschen Autohaus. Mit beträchtlichem Aufwand wurde der Innenraum eines VW-Käfer wasserdicht abgedichtet, mit Wasser gefüllt – und dann von einem Taucher durch die Straßen der Stadt gefahren.

Aber es geht auch ganz einfach, wie ein deutscher Autohersteller bewies, der ein neues Modell mit einem noch nie da gewesenen Ausstattungsdetail auf den Markt brachte: Der Blumenvase im Armaturenbrett.

2.6 Paradigmenwechsel – Kreativität als Mauerbrecher

Diese Form der Kreativität kann auch als Methode gesehen und als solche angewandt werden. Sie ist geeignet sowohl für das Anpassen gewohnter Abläufe an neue Herausforderungen als auch für die klassische Suche nach neuen Alternativen. Als eine geordnete Folge einzelner kreativer Prozesse zeigt sich die Kreativität bei dieser Technik sogar von einer fast systematischen Seite.

Ziel ist es, die logischen Paradigmen, auf deren Basis ein bestehendes und bewährtes System entwickelt wurde, bildlich gesprochen, wieder zu entflechten und einzeln infrage zu stellen. Es gilt, für jeden einzelnen Schritt Alternativen zu suchen und zu untersuchen, wie das ganze System darauf reagieren würde – Schritt für Schritt. Die logische Kette wird gelöst und einzelne Glieder probeweise durch andere ersetzt. Das logische

„Wenn …, dann …“ wird dabei mit dem kreativen „Was wäre, wenn …“ vertauscht – also beinahe so, als ob ein System, ein Arbeitsablauf, eine Organisationsstruktur neu entwickelt würde. Nur mit dem Unterschied, dass bereits ein System vorhanden ist und es alles andere als leicht ist, ein bestehendes System, an das sich alle Beteiligten gewöhnt haben, zu verändern oder zu ersetzen.

Trotzdem muss man bei dieser Methode auch radikale Änderungen in Erwägung ziehen oder eine grundlegende Hypothese probeweise in ihr Gegenteil verkehren.

Dahinter steht, dass einzelne logische Schlussfolgerungen manchmal gewohnheitsmäßig übernommen werden, ohne ernsthaft geprüft worden zu sein. Ein Beispiel dazu finden Sie im Prolog des Buches, es handelt von der Idee, ein Überschwemmungsgebiet in Bangladesch zusätzlich zu bewässern, um außerhalb der Hochwasserzeit eine Ernte einfahren zu können. Probleme, die durch ein Zuviel an Wasser bestehen, werden hier durch noch mehr Wasser bekämpft. Logisch naheliegend ist das nicht unbedingt …

Never change a running system ist ja eine bekannte Maxime. Daher der Abschnittstitel „Kreativität als Mauerbrecher“: Es erfordert eben Kreativität, ein altes, verfestigtes System „aufzuknacken“ und anzupassen an sich ändernde Voraussetzungen.

Daher kann diese Methode nur erfolgreich sein, wenn auch die Bereitschaft zu einem gegebenenfalls radikalen Umschwenken vorhanden ist. Eine kleine, eher harmlose Einsicht kann zu einem radikalen Umdenken führen – wie bei der Bewässerung dieses Überschwemmungsgebietes.

Die Forderung nach einem so tief greifenden Umdenken mag durchaus viel Widerstand erzeugen. Sie werden gute Argumente und einiges an Beharrlichkeit brauchen.

Urlaubsplanung, keine große Herausforderung? Ein paar Reiseziele, ein Vergleich der Flugpreise und die Vorbereitungen konnten beginnen. Das änderte sich. Plötzlich musste man mit gepackten Koffern zum Flughafen und sich dort spontan für ein Ziel entscheiden – „Last Minute" war angesagt. Kaum hatte man sich daran gewöhnt, sollte man tunlichst wieder weit vorausplanen: Billigfluggesellschaften boten begrenzt Flüge zu lachhaften Preisen an, die es sich zu sichern galt. Das alles gibt es weiterhin, dazu bieten inzwischen auch Liniengesellschaften Flüge nach Tagespreis an – das Pokern um den günstigen Flug verspricht reichlich Abwechslung.

Ein Beispiel für eine radikale Änderung eines eingespielten Systems ist die Philosophie der Just-in-time-Logistik. Früher galt in der produzierenden Industrie ein gut gefülltes Lager als ein absolutes Muss und die Kosten der Lagerhaltung wurden dafür in Kauf genommen. Dieses Paradigma hat sich inzwischen umgedreht. Heute wird, vor dem Hintergrund verbesserter Logistik, dagegen auf gesicherten Materialnachschub vertraut und die Einsparung üppiger Lagerhaltungskosten vorgezogen.

Das nächste Beispiel stammt aus der Entwicklungshilfe, bei der Projekte gerne mal scheitern, weil sie an den Betroffenen vorbeigeplant oder diese nicht für das Projekt zu motivieren sind.

In einem asiatischen Land wurde einmal der Spieß umgedreht. Zunächst bekam jedes kleine Dorf eine bestimmte Anzahl Zementsäcke geschenkt, ohne Auflagen oder Erläuterungen. Die einen bauten damit eine Brücke, andere verkauften den Zement und verfeierten das Geld. Als nächster Schritt wurden die Dörfler informiert, dass ein Wettbewerb stattgefunden hatte und alle Dörfer, die den Zement zukunftsträchtig verwendet hätten, einen ersten Pluspunkt ergattert haben. Aber es gäbe eine weitere Chance ... Weitere Maßnahmen und immer höher gesetzte Ziele führten das mit der Zeit sehr erfolgreiche Projekt fort. Über Stolz und Neid wurde eine beträchtliche Motivation ausgelöst.

Oder ganz plakativ: wissen Sie, ob ein Pinguin fliegen kann? Kann er nicht? Falsch – Aerodynamiker haben ausgerechnet, dass ein Pinguin ab einer Geschwindigkeit von 400 km/h flugfähig ist ...

2.7 Ebenenwechsel – die Kreativität des geänderten Blickwinkels

Wie schon der Paradigmenwechsel lässt sich diese Form der Kreativität auch als Kreativitäts-Technik zur Anwendung bringen. Im Gegensatz zum Paradigmenwechsel wird hier das System nicht entflochten und seine Paradigmen werden nicht einzeln infrage gestellt, sondern das System wird als Ganzes aus einem anderen Blickwinkel betrachtet.

Eine andere Möglichkeit ist es, das System gedanklich in eine andere Branche zu exportieren, um daraus Rückschlüsse über dessen Belastbarkeit zu gewinnen.

Eine dritte Variante ist zu prüfen, was geschähe, wenn man das fragliche System durch eines mit ganz anderen Voraussetzungen ersetzt.

Der Ansatz ist umfassender als der des Paradigmenwechsels und erfordert viel Vorstellungskraft, nimmt aber weniger Zeit in Anspruch.

Mit dem Ebenenwechsel ist gemeint, dass man sich aus einem System herausnimmt, sich von ihm entfremdet, oder sogar das System selbst entfremdet. Es wechselt also die Ebene. Eine Spielregel dient als Vorgabe der Sichtweise und sorgt dafür, dass der Abstand von dem zu bewertenden System erhalten bleibt.

So ein Wechsel des Blickwinkels steht und fällt mit dieser Spielregel und sie will konsequent eingehalten werden. Das mag einiges an Vorstellungskraft voraussetzen, wie schon die Formulierung dieser Spielregel.

Nehmen wir einfach mal an, Sie geben eine Jugendzeitschrift heraus und werden plötzlich mit deutlich sinkendem Umsatz konfrontiert. Eine Studie bestätigt, dass Zeitschriften bei der Handy-Generation als uninteressant gelten. Was tun Sie? Aufgeben? Nicht so schnell! Ein Paradigmenwechsel könnte ergeben, mehr über Mobilfunk und damit verbundene Themen zu berichten. Mit einem Ebenenwechsel wäre die erste Frage, wie man ein Handy in eine Zeitschrift übersetzen kann. Was kann eine Zeitschrift leisten, was ein Mobilfunkgerät nicht kann?

Ein ähnlicher Prozess ist derzeit in der Automobilindustrie zu beobachten.

Seit Beginn dieses Jahrtausends sinkt das Interesse junger Menschen an dem eigenen Wagen. Die Parkplatznot in den Städten, stetig steigende Kosten und der immer bessere öffentliche Nahverkehr, so fand man heraus, ließ die Attraktivität des eigenen Autos sinken – nicht aber die des Autofahrens selbst. Die führenden deutschen Automobilhersteller haben ihre alten Ebenen verlassen, sich auf die Ebene junger urbaner Kunden begeben und bauen derzeit eigene attraktive Car-Sharing-Systeme auf, zum Teil mit modernster Technologie, die die Fahrzeuge per Handy kurzfristig buchbar macht.

Anschaulich für einen Ebenenwechsel ist die sogenannte „Negativkonferenz", eine bewährte Kreativitätstechnik. Um einen festgefahrenen Denkprozess wieder zum Laufen zu bringen, wird das Thema „um 180 Grad gedreht" – also ins Gegenteil verkehrt. Wenn Sie in Ihrem Team über neue Möglichkeiten zur Neukundengewinnung und Anbindung bestehender Kunden diskutieren, wäre in einer Negativkonferenz das Thema folglich, mit welchen Mitteln Kunden am besten lang- und kurzfristig vergrault werden könnten. Die Ergebnisse werden dann wieder invertiert, also in ihre gegenteilige Aussage übersetzt. Durch diesen Trick werden eventuelle Blockaden oder zu tief eingespielte Gewohnheiten effektiv umgangen.

Ich hatte einmal einen Illustrationsauftrag für ein Lehrbuch über Business English. Ich sollte dabei lustige und anschauliche Cartoons zu jedem Sachkapitel zeichnen. In dem Buch wurden vor dem Hintergrund der damals beginnenden Globalisierung auch kulturelle Eigenheiten und Gepflogenheiten angesprochen, nicht zuletzt zu den Rollen, die Frauen in unterschiedlichen Kulturen und Religionen zugestanden werden. Für dieses Kapitel lautete die Vorgabe, etwas Lustiges zu kreieren, aber nicht auf Kosten von Frauen, Männern, Nationalitäten oder Religionen. Da blieb wenig übrig. Die Lösung fand ich schließlich in dem Weihnachtsmann, der vor seinem Haus gerade seinen mit Geschenken voll beladenen Schlitten bestieg und zur geöffneten Haustür hin ungehalten seiner (nicht sichtbaren) Frau zurief:

„Nein, Schatz, du kannst nicht mitkommen, das ist Männersache!"

2.8 Zusammenfassung der praktischen Voraussetzungen

Es gilt vor allem, Ideenfindung und Tauglichkeitsprüfung zu trennen. Diese beiden sollte nicht vermischt werden.

Der andere Punkt ist das Üben: Üben Sie für sich allein und üben Sie mit Kollegen – Spitznamen, Vergleiche, humoristische Titel und so weiter. Sie üben dabei auch, Vertrauen untereinander aufzubauen, dass Sie mal etwas überhaupt nicht Durchdachtes sagen können ...

Finden Sie Spitznamen, Vergleiche, Wortspiele – spielen Sie mit Ideen, egal wo sie auftauchen!

3.
Die Praxis der Kreativität

Im dritten Teil wenden wir uns nun ganz der Praxis zu. Ein allgemeiner Fahrplan zum bewussten Erreichen Ihrer Kreativität steht am Anfang, Sie finden Beschreibungen der gängigsten Kreativitätstechniken und Hinweise, wie Sie im Alleingang, ohne Unterstützung durch eine Gruppe, systematisch kreativ arbeiten können.

3.1 Darwin – der Fahrplan zur kreativen Lösung

Dieser Fahrplan beschreibt die einzelnen Schritte eines bewusst herbeigeführten kreativen Prozesses. Um die maximale Nähe zur Praxis zu erlangen, weicht er von dem 5-Phasen-Modell leicht ab. Er ist mit allen Kreativitätstechniken kompatibel. Sie können diesen Fahrplan auch als Checkliste verwenden.

Damit Sie alle Phasen und ihre Reihenfolge jederzeit abrufen können, schlage ich das Kürzel DARWIN vor, abgeleitet aus den Anfangsbuchstaben der einzelnen Phasen.

DARWIN

	Schritt	Phasen-Modell	Vorgehen
D	Datensammlung	Vorbereitungsphase	Sie sammeln alle: Fakten, Kommentare, Gedanken und Gedankenfragmente.
A	Aufbereitung		Sie klären Ihre Fragestellung(en) und identifizieren mögliche Widersprüche innerhalb der gesammelten Daten.
R	Rezeptiver Modus	Inkubationsphase	Sie beenden bewusst die ersten beiden Schritte und konzentrieren sich auf Ihre Wahrnehmung: Im Gruppenprozess das Geschehen in der Gruppe, wenn Sie allein sind, dann beschäftigen Sie Ihre Sinne.
W	Wachstumsphase		Sie üben Ihre Geduld. Je nach den Umständen ist diese Zeit kürzer oder länger. Im Gruppenprozess aus naheliegenden Gründen eng begrenzt, für sich können Sie dagegen durchaus Unterbrechungen einlegen.
I	Idee	Aha-Erlebnis	Die entscheidende Idee kommt ohne formale Ankündigung und bevorzugt dann, wenn Sie mit Ihren Gedanken weit davon entfernt sind. Seien Sie daher sehr aufmerksam.
N	Neubewertung	Bewertung und Ausarbeitung	Das Ergebnis des kreativen Prozesses will nun auf Umsetzbarkeit und Alltags-Tauglichkeit überprüft werden – und kann durchaus zu umfassenden Umgestaltungen auffordern.

Das System DARWIN

Mit dem System DARWIN wissen Sie immer, wie Sie vorzugehen haben und wo Sie gerade stehen

Als nächstes ist zu entscheiden, ob Sie eine kreative Technik dazunehmen wollen. Das hängt entscheidend davon ab, ob Sie einen Gruppenprozess anstreben oder diesen Prozess alleine durchlaufen wollen, falls Sie diese Wahlmöglichkeit haben.

Gruppenprozesse sind aufwendiger zu organisieren und bedürfen einiger Ressourcen, sind aber effizienter. Der Wechsel in den rezeptiven Modus ist in einer Gruppe leichter zu vollziehen, vom Gruppenzwang bis zum Spieltrieb gibt es hierfür viele Gründe. Und die Gefahr, unbemerkt wieder in ein instrumentales Grübeln zu verfallen, ist viel geringer. Es entsteht mehr Spontaneität, während sich gleichzeitig die Erfahrungen der Teilnehmer, deren „innere Archive“, addieren. Die Ausbeute der assoziativen „Suchmaschine“ ist größer, umfassender und weiter gestreut.

Entsprechend zielen die gängigen Kreativitätstechniken für Gruppen auch genau auf diese Effekte: den schnellen Wechsel in den rezeptiven Modus und den weit größeren Input, auf den zugegriffen werden kann.

Es stehen aber nicht immer Gruppen bereit. Auf sich selbst angewiesen, brauchen Sie etwas mehr Vorbereitung, sind aber – vor allem terminlich – sehr viel flexibler und können auf den Bedarf schneller reagieren.

Bestimmte kreative Vorgehensweisen, zum Beispiel der Wechsel des Blickpunktes wie beim Ebenenwechsel, können im Alleingang gegebenenfalls auch besser bewältigt werden.

Schauen wir uns also mal ein paar Kreativitätstechniken für Gruppen beziehungsweise für Solo-Aktionen an.

Tipp: Führen Sie eine Liste wie die obige und füllen Sie Schritt für Schritt die sechs Rubriken von DARWIN aus. Anfangs sollten Sie darauf achten, kurz zu takten, das heißt für jede Phase circa eine Viertelstunde anzusetzen. Wenn Sie sich etwas sicherer fühlen, dann lassen Sie auch längere Phasen zu, bis Sie schließlich die Zeit offen lassen können und jeder Phase die Zeit widmen, die sie jeweils verlangt.

3.2 Kreativitätstechniken für Gruppen

Einige der gängigsten Kreativitätstechniken sollen hier kurz beschrieben werden. Die folgenden Techniken setzen alle an beim schnellen und nachhaltigen Wechsel in den rezeptiven Modus durch unterschiedliche Spielregeln.

Brainstorming

Dies ist wohl die bekannteste Kreativitätstechnik überhaupt. Mit einem Begriff oder einem Satz wird der Prozess in Gang gesetzt, alle Teilnehmer sind aufgefordert, ihre spontanen Assoziationen ohne lange Überprüfung beizusteuern – schlimmstenfalls schreien alle durcheinander, was der Kreativität keinen Abbruch tut – eher im Gegenteil. Bei dieser und der folgenden Technik verhindert schon das hohe Tempo logische Denkansätze.

Brainwriting

Dies ist die schriftliche und leisere Variante des Brainstorming – und auch für Einzelne gut geeignet. Die assoziierten Begriffe werden aufgeschrieben, auch hier ohne Bedenken und „Zensur". Wie auch beim Brainstorming können und sollen die Teilnehmer in eine gewisse Trance geraten, die die Qualität der Einträge nur steigert – und vor Rückfällen in logisch-instrumentales Denken schützt.

Negativmethode

Nicht Schnelligkeit und besondere Spontaneität spielt bei dieser Methode, die wir ja bereits kennengelernt haben, die entscheidende Rolle, sondern der freie Lauf der Fantasie bei einem vermeintlich absurden Thema.

Aufstellung

Aufstellungen sollen unüberschaubare Situationen begreifbar machen. Die Teilnehmer stellen die zu klärende Situation nach, wobei jeder Aufgestellte die Rolle eines Faktors übernimmt. Ein weiterer Teilnehmer übernimmt die räumliche Platzierung der Faktoren. Die Anordnung und Verteilung der Teilnehmer spiegelt und verdeutlicht damit die Position der Faktoren in der gegebenen Situation. Die Teilnehmer stellen ihrerseits ihre Einschätzung und ihre Gefühle zu der ihnen zugeordneten Position dar.

Der Erfolg dieser Methoden hängt von der Einhaltung der erforderlichen Schritte für einen kreativen Prozess ab und es empfiehlt sich, einen Gruppenleiter für diesen Prozess zu bestimmen. Insbesondere müssen Sie darauf achten, dass:

- alle Teilnehmer sich der Fragestellungen bewusst sind
- alle Teilnehmer die Spielregel(n) verstanden haben

- die Teilnehmer ausreichend motiviert sind
- hierarchische Strukturen so weit wie möglich außer Kraft gesetzt sind
- eine entspannte Atmosphäre erzeugt wird

Der Gruppenleiter ist verantwortlich für die Einhaltung der Schritte und sollte darauf achten, einen realistischen Zeitrahmen vorzugeben: Fünf Minuten Brainstorming sind einfach zu kurz, fünf Stunden zu lang! Auch sollte er in der Lage sein, die Stimmung und das Geschehen gut wahrzunehmen und zu motivieren und trotzdem die Führung nicht zu vernachlässigen.

Tipp: Je motivierter die Teilnehmer, umso besser ist das Ergebnis. Konkurrenz und Wettbewerb sind erstklassige Motivatoren dabei – solange sie in einen spielerischen Rahmen fallen. Es muss gewährleistet bleiben, dass jeder Teilnehmer sich traut, seine Ideen einzubringen. Schon deshalb sollte jeder in der Gruppe von (zumindest negativen) Bewertungen Abstand nehmen.

3.3 Kreativitätstechnik im Alleingang

Wer die notwendigen Schritte eines kreativen Prozesses einhält, sollte problemlos auch im Alleingang zu veritablen Ergebnissen kommen. Nur diesen Wechsel in den rezeptiven Denkstil muss man eben hinbekommen. Obwohl man im Alleingang den Zeitpunkt weitgehend selbst bestimmt und nicht den Hemmnissen einer Kreativität auf Befehl ausgeliefert ist, stellt dies den schwierigsten Schritt dar. Deshalb möchte ich darauf noch einmal detailliert eingehen.

Die Hintergründe und theoretischen Grundlagen sind ja bereits eingehend beschrieben worden. Hier die wichtigsten Punkte, die Sie beachten sollten:

1. Entspannen Sie sich.
2. Formulieren Sie dann die Frage(n) und rufen Sie alle Vorgaben, bisher bekannten Lösungen und deren Vor- und Nachteile, Bedenken und Ideen in Ihr Bewusstsein.
3. Beschäftigen Sie Ihre Sinne (Ihre Wahrnehmung).
4. Sie können den Prozess ohne Bedenken unterbrechen.

Entspannung

Entspannung bedeutet hier vorrangig Nicht-Konzentration. Lassen Sie Ihren Gedanken freien Lauf, ohne sie gleich zur Ordnung zu rufen. Machen Sie es sich bequem, gehen Sie spazieren oder beschäftigen Sie sich mit etwas, das Sie gerne tun und das keinerlei Anforderungen an Sie stellt.

Fragestellung

Für diesen Schritt sollten Sie möglichst ungestört sein. Es geht darum, alle Daten und Argumente, die für Ihre Fragestellung nötig sind, bereitzulegen und die Bedenken, Unvereinbarkeiten oder Widersprüche verschiedener Lösungsansätze sich bewusst zu machen. Betrachten Sie diesen Schritt als Datensammlung.

Beschäftigen Sie Ihre Sinne

Halten Sie Ihre Kreativität in Schwung, indem Sie sich so viel wie möglich Ihrer Wahrnehmung hingeben. Sehen, Hören, Fühlen, Riechen, Spüren – je dichter Sie an Ihrer Wahrnehmung sind, umso besser läuft der kreative Prozess. Vermeiden Sie nur jede langfristige Konzentration.

Unterbrechungen
Sie dürfen in dieser Zeit ruhig gestört werden – Ablenkung ist sogar hilfreich, solange Sie dadurch nicht in Stress geraten. Ein Grundmaß an Entspannung muss gewährleistet sein. Ihr PC meldet eine neue E-Mail, während gleichzeitig das Telefon klingelt und es an Ihrer Bürotür klopft? Macht nichts, solange Sie gelassen bleiben. Und wenn Sie mal nicht gelassen bleiben, dann können Sie den Prozess auch unterbrechen. Sobald die Bedingungen wieder günstig sind, lassen Sie Ihre vorbereitenden Gedanken noch einmal Revue passieren, entspannen – und es geht weiter. Weiter, nicht von vorne los!

Eine zusätzliche Hilfe ist das Vorgehen, welches im Kapitel über die Kreativwirtschaft beschrieben wurde. Um in den rezeptiven Denkmodus zu wechseln, um Abstand zu gewinnen zu den Inhalten der Vorbereitungsphase beziehungsweise der Schritte *Datensammlung* und *Aufbereitung*, zersetzen Sie die logischen Ketten. Wie ein Künstler, ein Werbegrafiker oder ein Karikaturist entfernen Sie gedanklich alles Überflüssige und betonen, überbetonen den Rest. Setzen Sie Übertreibungen ein, verlassen Sie die Proportionalität und die Sachlichkeit und machen Sie sich über das Dilemma der ungeklärten Fragen und ihrer Paradigmen lustig. Oder polemisieren Sie dagegen – gnadenlos, wenn Sie wollen.

Tipp: Wenn der kreative Prozess einmal in Gang gekommen ist, läuft er selbstständig weiter. Forcieren Sie den Prozess nicht, sondern bleiben Sie offen für alle Einfälle, die – meist unerwartet – plötzlich auftauchen. Verbissene Zielstrebigkeit ist hier kontraproduktiv. Sie können darauf vertrauen, dass dieser Prozess auch ohne Ihr ständiges Zutun zum Erfolg führt.

4.
Kommunikation und Kreativität

Bis jetzt haben wir uns auf den kreativen Umgang mit gedanklichen Konzepten konzentriert. Jetzt, wo Sie die Grenzen zur Kreativität niedergerissen haben, wenden wir uns noch dem vielleicht spannendsten Thema der Kreativität zu, dem kreativen Umgang mit anderen Menschen.

4.1 Wahrnehmung des Gegenübers

Wir alle, auch sehr rational geprägte Menschen, nehmen andere Menschen wahr – und taxieren sie. Sie wissen schon: der erste Eindruck – eine Sofort-Analyse der Kleidung, Haltung, Figur, Körpersprache und der Art, sich zu bewegen. Dazu Geruch, Gesichtszüge und das dazugehörige Minenspiel. An diesem Punkt hat die betreffende Person noch nicht einmal mit einer Kommunikation begonnen. Jetzt kommen Blick, Stimme, Redemelodie beziehungsweise Aussprache dazu, und natürlich, was diese Person nun von sich gibt.

Diese Überprüfung findet in der Regel unbewusst statt, wir speichern und analysieren die Daten, gleichen sie mit unseren Erfahrungen mit „ähnlichen" Menschen und Situationen ab, und nur das Ergebnis nehmen wir mehr oder weniger bewusst wahr. Das alles geht sehr, sehr schnell.

Wir machen uns ein Bild vom anderen Menschen. Wir kreieren ein inneres Bild von diesem Menschen, nicht zuletzt über Spitznamen oder andere Vergleiche.

Das ist erst einmal viel Wahrnehmung und mit den unvermeidlichen Assoziationen, dem Abgleich mit inneren Bildern und der Erschaffung eines inneren Bildes dieser Person ein durchaus kreativer Akt.

Richtig kreativ werden wir aber erst, sobald wir die Einschätzung abgeschlossen haben und unsere eigene Reaktion auf die Person abwägen. Wiederum mal mehr, mal weniger bewusst, überlegen wir, wie wir dieser Person gegenübertreten sollen – Körpersprache, Blick, Intonation, Wortwahl etc. – und welches Bild von uns und unserem Anliegen wir kreieren wollen.

4.2 Wie erreichen Sie Ihr Gegenüber

Dieses gegenseitige „Abklopfen", beziehungsweise ein klares Bild der Zielgruppe, dient nur einem einzigen Zweck, nämlich sicherzustellen, dass wir unser Gegenüber auch erreichen.

Qualität und Erfolg unserer Kommunikation hängt entscheidend davon ab, ob die Botschaften und Inhalte sicher und unverfälscht ihren Empfänger erreichen. Das überlässt man besser nicht dem Zufall, sondern sorgt bewusst dafür, dass unser Gegenüber uns genau so versteht, wie wir verstanden werden wollen. Denn schließlich können Schwierigkeiten in der Kommunikation eine Menge Probleme generieren – und auch gravierende wirtschaftliche Auswirkungen haben.

Jegliche Kommunikation setzt sich aus zwei Faktoren zusammen: dem Inhalt, also dem, was Sie kommunizieren wollen, und der Form, das heißt auf welche Weise Sie diesen Inhalt sinnvoll zu vermitteln versuchen.

Der Inhalt liegt natürlich ganz bei Ihnen, sollte aber sinnvoll, logisch und nachvollziehbar gegliedert sein. Dieser Aufbau bedarf schon einer gewissen Kreativität und sei es nur in der Identifizierung der Schwerpunkte und Kernaussagen sowie dessen, was ihre Zuhörer wirklich interessiert.

Wenn Sie in Ihrer Kommunikation verstanden werden wollen – was besonders in amtlichen Veröffentlichungen nicht unbedingt das Ziel zu sein scheint – und Ihre Zuhörer erreichen wollen, dann müssen Sie diese, salopp gesagt, dort abholen, wo sie stehen.

Sie müssen sich an Ihrer Zielgruppe orientieren, um die bestehende Distanz zu überwinden.

Mein Vater, der im Vorstand eines großen deutschen elektrotechnischen Konzerns saß, erzählte mir Anfang der 70er-Jahre von einem Kollegen, der in Rio de Janeiro vor dortigen Vertretern der Wirtschaft voller Stolz eine Rede auf Spanisch hielt – ohne auch nur zu ahnen, dass in Brasilien Portugiesisch gesprochen wird.

Das sollte Ihnen besser nicht passieren. Aber es geht um mehr als nur die Landessprache. Es geht um die Bildung, die Erfahrung, den sozialen Status, die Werte und das Selbstverständnis Ihrer Zielgruppe sowie um den Anlass und die Art und Weise, wie Sie sich selbst präsentieren wollen.

Anders formuliert: Die Verpackung entscheidet über die Zustimmung für die meisten Produkte, das wird Ihnen jeder Marketing-Experte bestätigen.

Sich auf eine Zielgruppe einzustellen ist eine komplexe Aufgabe mit vielen schwer definierbaren Paradigmen – für die Kreativität also eine gute Herausforderung, aber auch ein Heimspiel.

Wie wir bereits gesehen haben, baut die Kreativität auf drei wesentliche Fähigkeiten auf: der Wahrnehmung, der Assoziation und dem bildlichen Denken.

In diesem Fall heißt das konkret: Sie brauchen eine gut entwickelte Wahrnehmung, um die „Denke" Ihrer Zielgruppe erkennen zu können, sollten assoziativ Ihre Sprache an deren Sprache anpassen und nicht nur sich ein Bild dieser Zielgruppe machen, sondern auch das gewünschte Bild von Ihnen selbst und Ihrem Anliegen vermitteln.

Erst vor ein paar Wochen erzählte mir ein griechischer Freund, der ein Reisebüro betreibt, wie jede Reederei und jede Fluggesellschaft über eine andere Mentalität und ein eigenes Denken verfügt und wie er sich bei jeder Verhandlung daran orientieren muss.

Ohnehin lässt sich ohne Kreativität kein brauchbarer Text oder Vortrag ausformulieren. Begriffe haben oft mehrere Bedeutungen oder tragen einen symbolischen Wert in sich. Sie müssen mit Schlüsselbegriffen umgehen, Bilder und Vergleiche finden und auf die Akzeptanz Ihrer Aussagen achten – kurz: ein umfassendes Bild Ihres Anliegens erzeugen.

Sie benötigen alternative Formulierungen, aus denen Sie die jeweils geeignetste auswählen können. Sie brauchen auch alternative Formulierungen, um wesentliche Inhalte zu paraphrasieren, das heißt Ihre gewünschte Aussage in verschiedenen Formulierungen auszusprechen, um diese genauer einzugrenzen und Missverständnisse zu vermeiden.

Alternativvorschläge, symbolische Werte, Bilder erzeugen – das ist nun einmal lupenreine Kreativität.

Und auch hier gilt: Sie sind von Natur aus kreativ, Sie bedienen sich in der Kommunikation automatisch Ihrer Kreativität.

Selbst überzeugte Rationalisten, die gerne bekräftigen, dass sie nur an Fakten glauben, verwandeln sich bei Verhandlungen in reine Kreativitätsbolzen.

Sie bringen alternative Vorschläge und Strategien, ein genaues Bild ihrer Verhandlungspartner und gut durchdachte unterschiedliche Szenarien schon in die Verhandlung mit.

Im Verlauf nehmen sie vielfältigste Wahrnehmungen in Anspruch, um den Standpunkt ihres Gegenübers zu erkennen und gegebenenfalls Kurskorrekturen vorzunehmen.

Das also ist im Allgemeinen der Status quo. Wo aber wird eine entwickelte Kreativität auch in der Kommunikation zu einem Wettbewerbsvorteil?

4.3 Wie überzeugen wir unser Gegenüber?

Wie wir gesehen haben, spielt die Kreativität in der entscheidenden Herausforderung der Kommunikation eine wichtige Rolle: in der Überwindung der Distanz zu den Gesprächspartnern, Zuhörern oder Lesern.

Das Problem ist ja leider keinem unbekannt. Da kommunizieren wir fleißig mit wohlbedachten Worten, inszenieren ausgetüftelte Präsentationen, schreiben einfach zu verstehende Gebrauchsanweisungen – und produzieren trotzdem Missverständnisse.

Wie kann das sein? Wie kann eine gründlich durchdachte und logische Aussage missverständlich sein?

Die naheliegende Vermutung, dass unsere geschätzten Zuhörer oder Leser zu blöde sind, um unsere Eingaben zu verstehen, ist ähnlich unwahrscheinlich wie die – eher etwas entfernter angesiedelte – Vermutung, wir selbst seien zu blöde zum Kommunizieren. Nein, vergessen Sie's ...

Menschen sind eben nicht identisch, unterscheiden sich in ihren Erfahrungen, Werten und ihrer Bildung – anders gesagt: jeder spinnt, so gut er kann. Was dem einen völlig logisch und nachvollziehbar erscheint, muss dem anderen nicht automatisch verständlich sein – auch das, was man nackte Tatsachen nennt, beruht auf individuellen Erfahrungen, Werten, dem Stand der Bildung und den vorhandenen Informationen. Nur auf Systematik und Logik sollten Sie Kommunikation nicht aufbauen.

Erst neulich las ich in einem Interview, dass indische Geschäftsleute über Europa lernen, französischen Geschäftspartnerinnen unbedingt Komplimente zu machen – deutschen aber auf keinen Fall ...

Um persönliche Akzeptanz vonseiten Ihrer Zuhörer, Leser oder Verhandlungspartner zu gewinnen, benötigen Sie ein gewisses Einfühlungsvermögen und möglichst zuverlässige Informationen über deren Erwartungen, Gepflogenheiten und zu beachtende Umgangsformen. Daraus erzeugen Sie ein Bild, eine Vorstellung, wie Sie die Distanz verringern oder abbauen können.

Wenn Ihnen das gelingt, steigern Sie Ihre Kommunikationsfähigkeit immens und schaffen damit eine wichtige Grundlage für gesellschaftlichen Erfolg.

Ein solches Bild Ihres Gegenübers oder Ihrer Zielgruppe ist die Voraussetzung dafür, diese persönlich anzusprechen. Was in der Werbung offensichtlich ist, gilt hier ebenso: Sie sind umso erfolgreicher, je mehr es Ihnen gelingt, ein überzeugendes Bild von sich und Ihrem Anliegen zu kreieren, in welchem sich Ihre Verhandlungspartner, Zuhörer oder Leser wiederfinden können. Persönlich wiederfinden, mit ihren jeweiligen persönlichen Zielen, Wünschen und Bedürfnissen.

In einer gelungenen Kommunikation fühlen sich die Beteiligten auch persönlich gesehen und wahrgenommen.

Im Klartext: Wenn Sie einen noch so gut aufgebauten und ausformulierten Text einfach herunterleiern, dann erzeugen Sie kaum Akzeptanz – eher Mitleid oder Aggression. Wir kennen das ja zur Genüge von der Telefonwerbung.

Sprechen Sie Menschen so an, dass diese sich auch persönlich angesprochen fühlen!

Dazu brauchen Sie nun einmal ein Bild Ihres Gegenübers, Ihrer Leser, Zuhörer oder Verhandlungspartner. Wie denken diese Menschen? In welchem Umfeld leben sie, und wie wirkt sich das auf ihre Sicht der Dinge aus? Und versuchen Sie, sich ein Bild zu machen, wie diese Menschen wiederum Sie persönlich sehen, wo sie voreingenommen sein könnten, wo sie offen für Ihr Anliegen sein könnten und wo sie sich angegriffen fühlen könnten.

Das bewältigen Sie am besten in drei Schritten:
1. sammeln Sie Ihre Wahrnehmungen,
2. stellen Sie Assoziationen mit Ihren Erfahrungen her und
3. machen Sie sich ein Bild der Situation.

Nutzen Sie die drei grundlegenden Tools der Kreativität und denken Sie daran: ein Bild kann sehr viele Informationen in sich tragen, nicht unbedingt exakte, aber sehr viele Informationen. Und Bilder zu erzeugen ist nun einmal die Kernkompetenz der Kreativität. Ein solches Bild besteht naturgemäß weniger aus harten Fakten als vielmehr aus Vorstellungen, inneren Bildern und vagen Informationen. Mit einem rein analytischen Denken ist das nicht alles überschaubar – deshalb spricht man auch von einem Einfühlungsvermögen – fühlen, nicht wissen.

Tipp: Wenn Sie schon im „kreativen Modus" sind, dann zögern Sie gegebenenfalls nicht, Ihre Kommunikation noch mit ein paar ungewöhnlichen Ideen, unverfänglichen Gags, überraschenden Details und anderen Gimmicks zu tunen – Ihr Publikum wird es Ihnen danken. Wenn die Umstände es zulassen, müssen Sie nicht alles so machen wie die anderen – Sie dürfen es gerne besser machen.

Eine originelle, kurzweilige Ansprache wird fast immer punkten und ein origineller und dabei vernünftiger Verhandlungspartner bleibt unvergessen.

Im weiteren Vorgehen haben wir eine zusätzliche Wahlmöglichkeit: Wir können instrumental oder rezeptiv denken und unser Verhalten dem anpassen.

Instrumentales und rezeptives Denken und Handeln

In den vorigen Kapiteln war immer wieder die Rede davon, sein Gegenüber gut wahrzunehmen und die Erkenntnisse in der Durchsetzung unseres Anliegens zu instrumentalisieren.

Das bringt uns noch einmal auf die eingangs erwähnte Theorie der Denkmodi von Arthur Deikman zurück: das rezeptive und das instrumentale Denken. Es ist ja schon ausgiebig dargelegt worden, wie diese beiden Denkmodi sich blitzschnell ablösen und ergänzen. Diese gegenseitige Ergänzung findet sich nicht nur in unserem Denken, sondern auch in unserem Handeln.

Wir gestalten die Interaktion mit unseren Mitmenschen ebenfalls mehr oder weniger wahlweise instrumental, also linkshemisphärisch, oder rezeptiv, also rechtshemisphärisch.

Tatsächlich wechseln wir in der Realität häufig zwischen diesen beiden Vorgehensweisen. Wenn Sie beispielsweise gezielt einkaufen gehen und Ihren Einkaufszettel abarbeiten, dann handeln Sie instrumental, wenn Sie dabei ein unwiderstehlich beworbenes Produkt kaufen, das Sie eigentlich gar nicht wollten, dann handeln sie rezeptiv. Wenn Sie dann zu Ihrem Wagen gehen und eine Hostess gerade Ihr Kennzeichen notiert, werden Sie instrumental eine Strategie entwickeln, sich da rauszureden, rezeptiv versuchen, die Hostess einzuschätzen, und dann höchst kreativ eine passende herzzerreißend rührende Geschichte erfinden. Warum auch nicht, klappt ja öfter.

Als kreativ geschulter Mensch können wir auch die Grenzen zwischen diesen beiden Denkstilen und den dazugehörigen Verhaltensstrategien schneller überschreiten. Wir haben die

Wahl, eine bewusste Wahl, und können wahlweise die Durchsetzung unserer Ziele durch eine instrumentale oder durch eine rezeptive Strategie sicherstellen – vor allem aber durch eine geschickte Kombination beider.

Es kommt auf die Umstände an. Unbestritten ist es von großem Vorteil, wenn wir über ein großes Instrumentarium unterschiedlicher Strategien verfügen. Wenn wir sowohl unsere Erwartungen, Bedingungen und Forderungen klar und unmissverständlich zu kommunizieren vermögen, wie auch durch Einfühlungsvermögen sicherstellen können, dass unsere Aussagen das Gegenüber erreichen – erreichen, aber vielleicht auch zusätzliche Motivation schaffen, unseren Vorgaben und Forderungen Folge zu leisten.

Aus unseren Erfahrungen im Umgang mit anderen Menschen haben wir meist schon mehrere Unterpersönlichkeiten kreiert – Good Cop/Bad Cop, Sie wissen schon – und setzen diese je nach Strategie ein.

Diese Strategien können sehr instrumental geprägt sein, sehr klar und hierarchisch. Andere Strategien können auch sehr rezeptiv ausgestaltet sein, mit viel Wahrnehmung und der Bereitschaft, komplexe Wahrnehmungen über einen anderen Menschen in einen kreativen Umgang mit diesem einfließen zu lassen. Es ist jedem Menschen zu wünschen, wenigstens einmal im Leben einen solchen Lehrer oder Förderer gehabt zu haben.

Jeder muss selbst wissen, wann er welche Strategien am besten einsetzt. Es gibt da keine Regeln, außer der, dass nur eine einzige Allround-Strategie nicht immer richtig sein kann.

Im Berufsleben, vor allem in Unternehmen, verwechseln heute noch manche Zeitgenossen Menschen mit Maschinen – was in mindestens zwei Bereichen ein Fehler ist. Zum einen beherrschen Maschinen wenige Fertigkeiten extrem gut, Menschen dagegen sehr viele Fertigkeiten mal besser, mal schlechter – aber sie sind sehr flexibel, vielseitig einsetzbar und haben oft den Ehrgeiz, sich weiterzuentwickeln.

Ein Potenzial, das es zu nutzen gilt!

Zum anderen sind die Voraussetzungen, unter denen eine Maschine funktioniert, und die Wartung, derer sie bedarf, einfach zu definieren. Werden die sich daraus ergebenden Regeln vernachlässigt, arbeitet die Maschine unverdrossen weiter – und geht dann schnell kaputt.

Menschen haben ebenfalls Bedürfnisse – nicht nur Essen, Trinken und Schlafen, sondern auch soziale Bedürfnisse, wie Anerkennung, Bestätigung, sich wahrgenommen fühlen und so weiter.

Wenn diese nicht erfüllt werden, gehen Menschen nicht gleich kaputt, aber ihre Leistung und ihr Engagement fällt stark ab: wertvolle Potenziale liegen brach und werden vergeudet.

Das ist keine Philanthropie, ich schreibe hier auch nicht über die Menschenrechte, ich schreibe über Motivation, Mitarbeiterbindung und positive Betriebsatmosphäre.

Im Klartext: Wenn Sie die Grenzen zur kreativen Kommunikation überschritten haben, können Sie viel dafür tun, auch die Grenzen Ihrer Kollegen und Mitarbeiter zu erweitern, das Betriebsklima zu optimieren und damit die Effizienz zu steigern. Sie müssen nur die richtigen Strategien kreieren und im richtigen Moment zweckdienlich zur Anwendung bringen.

Tipp: Kreativität ist ein Durchsetzungsvorteil, kein Nachteil! Ein kreativer Umgang mit unseren Mitmenschen ist vergleichbar mit einem Strategiespiel: Es geht darum, Potenziale zu identifizieren und diese im richtigen Moment und zum richtigen Zeitpunkt zu nutzen, mit dem Ziel, möglichst eine Win-win-Situation zu erzeugen, die allen Beteiligten gerecht wird.

Über dieses Thema gibt es noch viel zu diskutieren, aber an diesem Punkt sollten wir es jetzt belassen und nur noch eine letzte wesentliche Rolle der Kreativität beleuchten: die Rolle der Kreativität in der Bildung und Führung von Teams aller Art.

4.4 Kreative Teamführung

Hier soll nicht die Rede sein von einem rein formalen Team, sondern von einem Team im eigentlichen Sinne. Eine Gruppe von Menschen, die ihre Kompetenzen teilen, um in Kooperation und mithilfe von Synergien ein gemeinsames Ziel zu erreichen. Ein Team, in dem sich jedes Mitglied nicht als isolierten Teil innerhalb eines Ganzen sieht, sondern als integrierter Teil des Ganzen.

Ein solches Team kreiert einen eigenen Teamgeist, die Mitglieder bringen nicht nur ihre Kernkompetenz, sondern ebenso Nebenkompetenzen, Begabungen, ihre ganzen Erfahrungen und ihre Persönlichkeit in die Gruppe ein. Daraus ergibt sich ein komplexes Geflecht – und spätestens hier kommt die Kreativität ins Spiel.

Ein Team braucht eine Führung und klare Vorgaben – unabhängig von allen Führungsstilen – und diese Führung muss verlässlich und konsequent sein, auch wenn sie eine kreative Führung anstrebt.

Wenn Sie Ihr Team kreativ führen wollen, müssen Sie zunächst einmal das Team als solches als kreative Aufgabe begreifen. Kreativ, weil Ihre Aufgabe darin besteht, das Team zu formen. Gerade ein neu gegründetes Team ist ein weitgehend unbeschriebenes Blatt und Sie haben reichlich Gelegenheit und

Möglichkeiten, dieses Team und seine Arbeitsweise zu gestalten.

Wer ein Team – egal welcher Form – zusammenstellt, erzeugt eine Gruppe. Das ist nicht schlimm, hat aber eine – oft nicht bedachte – Auswirkung: Der Mensch ist nämlich als soziales Rudeltier erschaffen worden und steckt gespickt voll archaischer, genetisch übertragener Programmierungen, Prägungen und Verhaltensmuster. Und die sind nicht von Pappe!

Schon beim ersten Zusammentreffen des Teams beginnen gruppendynamische – manche sagen dazu auch „gruppenhydraulische" – Prozesse. Rang- und Hackordnungen werden ausgetestet, Positionen aller Art werden besetzt, verteidigt und herausgefordert, Allianzen werden geschmiedet, Untergruppen gebildet – und das geht so lange weiter, bis der Mikrokosmos dieser Gruppe seine Ordnung gefunden und jeder seinen Platz in der Gruppe hat. Auch danach laufen solche Prozesse weiter, denn jetzt wollen Positionen verbessert werden und so weiter.

Das ist nicht sehr professionell, aber sehr menschlich und vor allem: unausweichlich.

Ein weiteres Eingehen darauf würde dieses Buch sprengen, aber die Prozesse innerhalb von Gruppen sind gut erforscht und mit dem Rat erfahrener Gruppenleiter oder etwas Sekundärliteratur können Sie sich ausreichend vorbereiten.

Eine rein rational-instrumentale Führung mit starren Aufgabenverteilungen und strengen Hierarchien wird diese menschlichen Herausforderungen – ebenso wie eine komplexe Sicht der Teamstruktur – als Störungen wahrnehmen und entsprechend bekämpfen. Diese Prägungen und die damit verbundenen Verhaltensweisen innerhalb einer Gruppe lassen sich mit Disziplin, Sanktionen und einem beachtlichem Zeitaufwand sogar auf ein Minimum reduzieren – aber in den Köpfen geht es weiter und unterschwellig werden die Positionskämpfe weiterhin ausgetragen werden.

Eine kreative Führung dagegen wird darin Potenziale erkennen und versuchen, diese nutzbar zu machen. Gruppendynamik lässt sich durch kluge Führung eindämmen und sogar instrumentalisieren. Dazu muss die Führung flexibel sein und Prozessen der Bildung von Teamgeist und Teamstruktur Raum geben. Sie muss über eine glaubwürdige Autorität verfügen und die Bindung und Motivierung der einzelnen Teammitglieder ständig im Auge behalten und fördern.

Diese Dinge sollten jedem, der ein Team führt, mindestens bewusst sein, besser natürlich sollte er erfahren und – Sie ahnen es wohl schon – kreativ genug sein, um diese Dynamiken zu lenken, zu nutzen und gerade zur Stärkung des Teams umzumünzen. Das ist eine komplexe Aufgabe, die oft spontane Entscheidungen verlangt, aber die Effektivität des Teams wird es Ihnen danken.

In dieser Phase, in der sich das Team zusammenrauft, ist es Ihre Aufgabe, aus den oft unberechenbaren und variablen Einzelteilen, den Teammitgliedern, ein funktionierendes Ganzes zu formen. Ganz klassische Kreativität eben.

Und das ist nicht einmal so schwierig. Diese Phase dient nämlich der Orientierung der Teammitglieder und setzt die Grundlage wie auch die Eckpfeiler des Teamgeistes, also des Charakters und des Selbstverständnisses des Teams.

Jeder, der einer Gruppe beitritt, unabhängig davon, ob diese Gruppe schon länger besteht oder gerade in der Entstehung begriffen ist, sucht erst einmal Orientierung und seinen Platz im Gefüge der Gruppe.

Er analysiert den Stil, den Code und die Werte, die in der Gruppe herrschen, und orientiert sich daran, um seinen Platz in der Struktur der Gruppe zu finden und sich möglichst gut in der Hierarchie der Gruppe zu platzieren.

Genau das ist die Trumpfkarte in der Führung der Gruppe, denn in dieser Orientierungsphase können Sie Ihrem Team die gewünschte Ausrichtung geben.

Ein Team kann nicht besser sein als seine Führung. Ein Team braucht Führung, und das ist Ihre wichtigste Aufgabe als Leiter eines Teams.

Diese Führung beschränkt sich nicht darauf, die Ziele und Etappen vorzugeben und die Aufgaben zu verteilen. Es geht erst einmal darum, die Spielregeln festzulegen, wie beispielsweise die Umgangsformen, Pünktlichkeit, Zuverlässigkeit, Respekt gegenüber den anderen Mitgliedern, festzusetzen, wie mit Zuständigkeiten und Kompetenzen umgegangen wird und Ähnliches.

Machen Sie gleich von Anfang an deutlich, dass aggressives oder egoistisches Verhalten oder umfangreiche Selbstdarstellungen keinen Platz im Team haben. Unterstützen Sie besonderes Engagement und stellen Sie klar, dass auch einmal Fehler gemacht werden dürfen. Fördern Sie die Bereitschaft, Kritik zu äußern und auch anzunehmen, und sorgen Sie dafür, dass Kritik konstruktiv geübt wird. Gebieten Sie Opportunisten und Besserwissern Einhalt und fördern Sie unmissverständlich Kooperationsbereitschaft und ein gewisses Maß an Solidarität im Team.

Das Ziel ist es, den persönlichen Ehrgeiz jedes Teammitglieds in die Bildung einer gemeinsamen Elite umzulenken, einer Elite, die ihre Stärke aus der Gemeinsamkeit wie auch der Vielfalt und Unterschiedlichkeit innerhalb des Teams gewinnt.

Und bitte halten Sie sich auch selbst an diese Vorgaben und treten Sie als Vorbild auf. Es ist einfach nicht sehr überzeugend, wenn Sie jemanden, der sofort zu schreien anfängt, wenn ihm etwas nicht passt, mit Gebrüll zur Ruhe bringen ...

So können Sie ein Team nach Ihren Vorstellungen kreieren, mit etwas Geschick beinahe wie Wachs in Ihren Händen. Denn Sie sitzen ganz einfach am längeren Hebel.

Dies alles wird erwähnt, weil das klassische Kreativität ist: Sie erschaffen etwas Neues, indem Sie bestehende Einzelteile – hier die Mitglieder des Teams mit ihren Kompetenzen – zu einem neuen Ganzen zusammenfügen. Dazu gehören selbstverständlich die Standard-Tools der Kreativität, das Wahrnehmen, das Assoziieren und die Kreation von Bildern.

Sie sollten sich selbst ein Bild von jedem Teammitglied machen, von dessen Kompetenzen, der Rolle im Team, die er hat oder anstrebt, wo und wie er sich in das Team einbringt und wie er kommuniziert. Das erfordert viel Wahrnehmung, zahlt sich aber aus, weil sich daraus zeigt, über welche Schwächen und Stärken diese Person verfügt und welche zusätzlichen Begabungen, Talente, Interessen und Erfahrungen die Person ins Team einbringt. Diese zusätzlichen Potenziale sind bares Geld für Sie; mit Ermutigung und richtiger Führung können Sie solche Zusatzkompetenzen noch ausbauen und dabei gleichzeitig das Teammitglied motivieren.

Die Geschehnisse im Team sollten Sie zunächst assoziativ durchdenken, um Ihre Wahrnehmungen zu ordnen und zu gruppieren und schließlich mit Ihren eigenen Vorstellungen abzugleichen. Anschließend formulieren Sie für sich die Eigenschaften und Fähigkeiten jedes Mitglieds, um sich diese möglichst bewusst zu machen.

Diesen kreativen Prozess der Teambildung und -führung erleichtern Sie sich deutlich, wenn Sie das Team als ein Puzzle, ein Geflecht oder, besser noch, als einen eigenen Organismus sehen, der sein Eigenleben entwickelt, führt und verändert.

Durch Ihre Beobachtungen der Einzelnen lernen Sie das Team als Ganzes kennen und sind dadurch in der Lage, dieses vorausschauend und zielgenau zu führen.

Auch wenn das alles sehr mühsam klingen mag – ich bin überzeugt, es ist der effektivste und sogar effizienteste Weg der Teamführung, weil sich die in die Formung des Teams investierte Zeit in der Qualität des Teams schnell auszahlt.

Während Ihrer Beobachtung und Begleitung der Entwicklung des Teams greifen Sie also konstant lenkend ein. Da reichen oft kleine Bemerkungen oder eine demonstrative Zustimmung für Verhalten, das das Team in Ihrem Sinne weiterbringt.

Zugleich sollten Sie sich dabei immer bewusst sein, auf welche Art und Weise das Team arbeiten soll. Ein Team bietet ja neben den Vorteilen kurzer Kommunikationswege und Einbindung in das Team-Ziel vor allem die Zusammenlegung und Addition von Kompetenzen. Kompetenzgerangel und Konkurrenzkämpfe, die über die Kompetenzen ausgetragen werden, stellen im Gegenzug das vielleicht größte Konfliktpotenzial im Team dar. Also ist es naheliegend, die Kompetenzen in dem von Ihnen kreierten Team klar zu gestalten und vorzugeben. Genauso will auch das Maß an Kreativität, das in die Teamarbeit einfließen soll, definiert werden. Weil Kompetenzen und Kreativität in der Teamarbeit eine besondere Relation entwickeln, möchte ich den Umgang mit Kompetenz und Kreativität an drei unterschiedlichen Formen von Teams erläutern.

Der Stoßtrupp – das zentral verwaltete Aktionsteam

Diese Art Team finden Sie vor allem beim Militär. Eine hoch spezialisierte Sondereinheit, die für extrem schwierige Operationen eingesetzt wird, arbeitet mit sehr ausgeprägten Hierarchien, äußerst klaren Strukturen und genau definierten Kompetenzen. Jedes Mitglied einer solchen Einheit verfügt über eine hoch entwickelte allgemeine Kompetenz sowie über spezielle Kompetenzen, für die auch die volle Verantwortung zu tragen ist. Kreativität ist hier ausschließlich – oder wenigstens fast ausschließlich – der strategischen Führung gestattet.

Der Rat – das Kompetenzteam

Vom weltweit verbreiteten „Ältestenrat" bis zum modernen Aufsichtsrat stellt dieses Team einen maximalen Kompetenz-Pool dar. Die Hierarchien innerhalb des Teams sind schwach ausgeprägt, nach außen dagegen steht das ganze Team auf oberster Stufe der Hierarchie. Die Aufgaben reichen von Aufsicht und Kontrolle bis zur Entwicklung neuer, kreativer Problemlösungen.

Fußballmannschaft – das Team der Multi-Kompetenten

Mit Ausnahme vielleicht des Torwarts sind hier multi-kompetente Mitglieder mit hohem kreativen Einsatz unterwegs. Die einzelnen Rollen im Team sind nicht nur nach Kernkompetenz, sondern auch stark nach Persönlichkeit des Spielers definiert, die laufend wechselnden Situationen erfordern viel Kreativität.

Das sind drei Arten von Teams, drei unterschiedliche Ausrichtungen. In etwa diesen Spielräumen sollten Sie Ihre Vision des Teams ansiedeln.

Über eines müssen Sie sich dabei ständig klar sein: Eine Organisation, die auf klare Vorgaben setzt, auf Disziplin aufbaut und stark hierarchisch strukturiert ist – wie das Militär oder vergleichbare Institutionen –, darf nicht viel Kreativität von ihren Mitgliedern erwarten. Und eine Organisation, deren

Funktionieren sehr von Eigeninitiative und Kreativität ihrer Mitglieder abhängt – wie beispielsweise eine Fußballmannschaft, deren Spieler mit permanent wechselnden Konstellationen auf dem Spielfeld souverän umgehen müssen –, sollte nicht von vornherein auf übermäßig viel Disziplin setzen …

Fassen wir noch einmal zusammen: ein Team braucht Führung, auch um persönlichen, zwischenmenschlichen und gruppendynamischen Herausforderungen nicht ungeschützt ausgeliefert zu sein.

Aus kreativer Sicht ist es nicht damit getan, ein Team aufzustellen und mit allen notwendigen Rahmenbedingungen und Zielvorgaben zu versehen. Ein schlagkräftiges Team muss erst zusammenwachsen, einen Teamgeist entwickeln und seine optimalen Arbeitsformen finden.

Mit guter Wahrnehmung der Vorgänge in der Gruppe und kreativen, aber konsequenten Maßnahmen können Sie für ein ausgeglichenes, zielorientiertes Gleichgewicht im Team sorgen und ein motiviertes und engagiertes Team zum Erfolg führen.

Stellen Sie sich das wie ein Schachspiel vor. Jede Figur hat ihre eigene Bewegungsform, die sie speziell auszeichnet. Ein guter Spieler hat diese verinnerlicht, erkennt deren Stärken und Schwächen in einer gegebenen Situation und nutzt dieses

Potenzial. Ähnlich können Sie Ihr Team für jede neue Herausforderung flexibel aufstellen.

Denn je geschickter Sie das Team aufstellen, desto flexibler kann es auf sich ändernde Bedingungen reagieren und desto weniger brauchen Sie einen inneren Rückzug oder einen „Dienst nach Vorschrift" einzelner Mitglieder zu befürchten.

Tipp: Jedes Mitglied im Team will Bestätigung und Sicherheit und eine oder mehrere Rollen einnehmen. Das ist menschlich, so sind wir eben konstruiert. Eitelkeiten, Emotionen und Bedürftigkeiten sind unprofessionell – aber sehr verbreitet.

Sie sind in der Position, diese Bedürfnisse weitgehend zu befriedigen und dadurch Motivation und nachhaltiges Engagement zu schaffen. Gelingt Ihnen dies, erlangen Sie eine Autorität, die mit autoritären Maßnahmen niemals zu erlangen ist.

Es zahlt sich ganz einfach aus, etwas Wahrnehmung und Kreativität für jeden Mitarbeiter aufzuwenden.

Hier wurde die Rolle der Kreativität in der Gründung und Führung des Teams betrachtet. Im folgenden Kapitel wird gezeigt, wie Sie die Kreativität selbst dauerhaft in das Team implantieren.

Wie Sie aus einem Team ein kreatives Team machen

Gemeint ist hier ein Team, das die Kreativität nicht erst mühsam für sich entdecken muss, sondern Kreativität und kreative Techniken in die Teamarbeit integriert. Ein Team, das unabhängig von seinen Aufgaben seine Kreativität bewusst nutzt.

Voraussetzung ist die Akzeptanz und das Wissen um Sinn und Zweck der Kreativität und ihre praktische Anwendung. Bestehen hier noch Defizite, so lassen sich diese gegebenenfalls durch Coachings überwinden. Vieles aber kann eine gute Führung des Teams selbst in die Wege leiten.

Dazu sollten Sie sowohl ausdrücklich kreative Lösungsansätze fordern wie auch für die nötigen Rahmenbedingungen sorgen.

Sie sollten deutlich machen,

- dass von den Teammitgliedern Innovation, Kreativität und kreative Lösungen nicht nur akzeptiert, sondern auch erwartet werden,
- dass Sie das Team als eine Elite sehen, die durch ihre Kompetenz und Kreativität das Unternehmen im lokalen oder internationalen Wettbewerb voranbringt und Mitbewerber abhängt,
- dass vom Team entwickelte neuartige Ideen und Strategien, so sie belastbar sind, belohnt werden, und zuletzt,
- dass die Aussage „es gibt hierzu keine Lösung" nicht akzeptiert wird.

Voraussetzung hierzu ist, wie bereits gesagt, dass die Mitglieder des Teams alle wissen, was gemeint ist, wenn der Begriff „Kreativität" fällt.

Damit diese Forderungen nach Kreativität umgesetzt werden können, muss für die entsprechenden Rahmenbedingungen gesorgt sein. Diese zielen vor allem darauf, dem Team als Ganzem und den einzelnen Mitgliedern Mut zur Kreativität zu machen und dieser damit den Weg zu ebnen.

Sorgen Sie daher für:

- einen möglicherweise legeren, aber unbedingt respektvollen Umgangston miteinander,
- flache Hierarchien und eine Atmosphäre, in der sich jeder traut, frei und offen seine Ideen darzulegen,
- ein starkes Teambewusstsein, welches Erfolge wie auch Rückschläge vorrangig als Teamangelegenheit begreift,
- eine uneingeschränkte Ideenkompetenz, soll heißen: jedes Mitglied ist berechtigt, auch zu Themen außerhalb seiner Kernkompetenz Ideen beizusteuern und diese gelten als Unterstützung für und nicht als Angriff gegen den Träger dieser Kernkompetenz,
- neue Erfahrungen, die das Team gemeinsam macht (Kletterpark etc.).

Es geht darum, eine Atmosphäre zu schaffen, in der jeder sich mit seiner Kreativität einbringt – unabhängig von der Zuständigkeit oder Kernkompetenz. Letzteres sind Dinge, die einen kreativen Gedanken nicht betreffen. Um das ganze kreative Potenzial eines Teams zu nutzen, muss das ganze Team kreativ „verantwortlich“ sein.

Tipp: Der Erfolg, die Kreativität in ein Team zu implantieren, hängt stark von der Teamführung ab. Es genügt nicht, Kreativität zu fordern und für die geeigneten Rahmenbedingungen zu sorgen. Die Leitung des Teams muss den Stellenwert der Kreativität immer wieder deutlich machen – also schlimmstenfalls auch einmal einigen „Spinnereien" zuhören, auch wenn gerade die Zeit drängt. Es geht vor allem darum, die Angst abzubauen, etwas vielleicht Unqualifiziertes oder gar Dummes zu äußern. Motivieren Sie bewusst die Teammitglieder, auch ungewöhnliche Ideen einzubringen.

Zuletzt wenden wir uns jetzt noch einem Team zu, dessen Zweck und Inhalt das Kreative ist.

4.5 Das Kreativ-Team

Ob Sie nun innerhalb eines großen Konzerns ein Innovationszentrum gründen oder lediglich für eine bestimmte Aufgabe und einen begrenzten Zeitraum ein Innovations-Team installieren, auch hier wollen bestimmte Dinge beachtet werden.

Es sind zwei verschiedene Paar Stiefel, ob Sie Kreativität als natürliche Erweiterung Ihrer Fähigkeiten im Rahmen Ihres Alltags nutzen oder ob Sie professionell und fast ausschließlich für sinnvolle Innovationen zuständig sind. Wenn Sie dieses Buch aufmerksam gelesen haben, wird Sie das nicht wundern. Und das Wundern sollten Sie sich im Umgang mit einem hochgetunten Kreativteam auch besser abgewöhnen.

Auf Befehl kann man nicht uneingeschränkt kreativ sein. Sie erinnern sich, dass ein kreativer Prozess Zeit braucht. Das gilt auch für Vollzeit-Kreative.

Sie brauchen hier niemanden zur Kreativität motivieren, wie im vorigen Kapitel hinsichtlich der Kreativität im Team beschrieben. Die richtigen Rahmenbedingungen sind aber unverzichtbar.

Dazu gehören:
- umfassende Informationen über die Aufgabe des Teams, warum etwas Neues entwickelt werden soll und woran dies bisher gescheitert ist,
- sehr flache Hierarchien,
- kleine Teams mit nicht mehr als drei oder vier Mitgliedern
- kurzfristige Etappen mit klaren Zeitvorgaben,
- regelmäßige „Realitätschecks" in Form von Zwischenpräsentationen vor den Abteilungen, die die gefundenen Ideen umsetzen müssen.

Die oben genannten Rahmenbedingungen mögen Sie vielleicht überraschen, sind aber für alle Beteiligten von Vorteil. Die umfassenden Informationen und die flachen Hierarchien verstehen sich von selbst, und um die kreative Kommunikation effektiv zu gestalten, sollte das Team so klein wie möglich gehalten sein. Zusätzliche Kompetenzen sollten gegebenenfalls in getrennten Zeitabschnitten hinzugeführt werden.

Die kurzfristigen Etappen, die klaren Zeitvorgaben und die „Realitätschecks" sind schon schwieriger zu erklären.

In einem solchen Team steht die kreative Arbeit im Vordergrund, Kreativität ist nicht eine Erweiterung der Potenziale des Teams, sie ist der bestimmende Inhalt. Sehr intensive kreative Prozesse haben jedoch auch ihre Risiken und Nebenwirkungen. Eine davon ist der vorübergehende Verlust von Zeitgefühl, eine weitere – und völlig folgerichtige – ist ein verringertes Zielbewusstsein. Wenn man sich intensiv auf das weiter oben beschriebene „Weitwinkeldenken“ der Kreativität einlässt, ist ein fokussiertes Zieldenken nicht ständig möglich. Daher dient es dem Projekt ebenso wie dem Team selbst, kürzere, abgeschlossene Etappen vorzugeben und das Team darauf festzunageln, die Ergebnisse in überschaubaren Abständen auszuformulieren und in einer Präsentation der Kritik zu stellen. Dem aufmerksamen Leser ist ja klar, was dahinter steht: Die kreative Ernte soll regelmäßig rational gesiebt und verlesen werden. Dazu kommt, dass die Erfahrung zeigt, dass professionelle Kreative unter Umständen sehr verbissen an ihren Ideen festhalten.

Die Konferenzen des Teams sollten mindestens einen halben Tag dauern und vorzugsweise vormittags stattfinden. Wichtig ist, dass diese Zeit und die Zeit unmittelbar davor ausschließlich der kreativen Arbeit gewidmet wird.

Beachten Sie aber bitte, dass „Zeitvorgaben“ hier nicht mit massivem Zeitdruck zu verwechseln ist. Kreative Prozesse brauchen einfach Zeit – selbst einem PC wird bei sehr komplexen Vorgängen ja Zeit eingeräumt. Eine erfolgreiche Suche nach Alternativlösungen, vor allem, wenn gescheiterte Versuche vorausgegangen sind, bedarf nun einmal Zeit.

Eine weitere und konsequente Unterstützung des Teams ist ein Think-Room, ein nur für die Teamtreffen bestimmter Raum. Das gilt selbst bei kurzfristigen Aufgaben, für ein Innovationszentrum versteht sich das von selbst. Optimal wäre ein Raum, der etwas abseits vom Tagesgeschehen liegt und möglicherweise sogar weder über Telefon noch über PC-Terminals verfügt. Die Mitglieder des Teams sollten gar nicht erst in Versuchung kommen, „noch schnell etwas zu erledigen“. Sie sollten sich ohne Ablenkung ganz und gar auf den kreativen Prozess einlassen können. Und wenn das Team einmal im Grünen tagen will, dann lassen Sie das ruhig zu.

Sie müssen ein Kreativ-Team nicht wie ein rohes Ei behandeln – aber auch bereit sein, ungewöhnliche Arbeitsweisen und vielleicht eine gewisse Exzentrik in Kauf zu nehmen. Es wird sich auszahlen.

Schlusswort

Vor Jahren hatte ich den Auftrag, ein illustriertes Buch mit Konzentrationsübungen für Kinder zu schreiben. In einer dieser Übungen mussten die Kinder bewusst gehen, nach Gebrauchsanweisung. Nach Abgabe des Manuskripts rief mich die Lektorin an und erzählte, dass sie beim Ausprobieren dieser Übung mehrmals fast gestürzt wäre …

Ich erwähne das hier, weil es die Herausforderung, dieses Buch zu schreiben, zeigt.

Wir haben gelernt zu laufen und tun es einfach – wehe, wenn wir dabei darüber nachdenken.

Wir sind auch von Natur aus kreativ, aber wir bemerken es meist nicht einmal. Dabei zeigt sich die Kreativität täglich und in vielen Gestalten.

Wir versuchen raffiniert, originell, einfallsreich, gewitzt, findig, fantasievoll, trickreich, diplomatisch, geschäftstüchtig, pfiffig, listig, erfinderisch, geistreich zu sein – und nichts anderes ist die Kreativität.

5.

Kreativität will geübt sein

Hier finden Sie Übungen zur Kreativität. Sie fordern Assoziationsfähigkeit, Wahrnehmung, Imagination – und eine Menge Logik dazu. Wann immer Sie Zeit finden, nehmen Sie sich ein oder zwei Übungen vor und üben Sie, locker und selbstverständlich mit kreativen Herausforderungen umzugehen.

5.1 Allgemeine Übungen

Vor allem gilt es, den Wechsel von rationalem zu kreativem Denken und zurück zu üben und dabei auch die Fantasie anzuregen. Die folgenden Übungen können Sie immer und überall machen.

Lassen Sie sich Wortspiele einfallen. Einige Duty-free-Shops an Flughäfen werben beispielsweise mit dem Slogan: „Good Buys".

Denken Sie sich Spitznamen aus. Ein berühmtes Beispiel betraf einen Liverpooler Docker, der „die Blase" genannt wurde, weil er angeblich immer nach getaner Arbeit kam.

Suchen Sie auch in Ihrem beruflichen Umfeld nach neuen, ungewöhnlichen Lösungsansätzen. Wie ein deutscher Automobilhersteller, der, um den Kraftstoffverbrauch seiner Modelle zu senken, ein Team von zweihundert Ingenieuren bildete, die praktisch sämtliche Bauteile auf Ersparnis-Potenzial zu untersuchen hatten.

Versuchen Sie bei Verhandlungen oder bei der Akquise Win-win-Situationen zu kreieren.

Stellen Sie sich Situationen aus Ihrem Umfeld einmal ganz klischeehaft vor, mit allen Stereotypen und Vorurteilen, die es über Nationalitäten, Geschlechter, Berufe und Erscheinungsbild gibt. Kreieren Sie quasi eine Soap-Opera über und um Ihren Alltag. Eine Nebenwirkung dieser Übung ist, dass Sie Vorurteilen auf die Spur kommen, die einen rationalen Blick auf die Wirklichkeit versperren können.

Welche Begriffe passen nicht in diese Reihen?

Franken, Dollar, Euro, Yen, Lira	
Lichtmast, Zypresse, Leuchtturm, Antenne, Kran	
Schlummern, schlafen, liegen, pennen, träumen	
Niete, Nagel, Schraube, Öse, Klammer	

Setzen Sie bitte diese Reihen fort:

3, 5, 8, 13, 21, 34, ...			
B, D, F, H, ...			
J, F, M, A, ...			
1, 6, 3, 18, 9, ...			

Was verbindet diese Begriffe?

Rose, Rochen, Wespe	
Härtetest, Triest, Bergfest	
Tritt, Split, schon	
Becken, Leitung, Tank	
Nennen, Löffel, Bergab	

Bilden Sie Sätze aus Wörtern, die mit dem gleichen Buchstaben beginnen: *Zum Beispiel: Sieben selbstbewusste Schweden spielen samstags simultan Schach*

____

____

____

____

____

____

Ändern Sie bei diesen Wörtern in jedem Schritt nur einen Buchstaben, und führen Sie dies fort, bis Sie zu dem letzten Begriff kommen. Die Wörter, die durch die ersetzten Buchstaben entstehen, sollen natürlich Sinn ergeben.

Hirn					Haus
Boden					Wagon
Fall					Bild
Lager					Pudel
Heidi					warte
Socken					Macken

Verbinden Sie bitte diese Punkte miteinander mit geraden Linien, sodass jeder Punkt auf einer Linie liegt. Bei der linken Übung stehen Ihnen drei Linien zur Verfügung, bei der rechten vier:

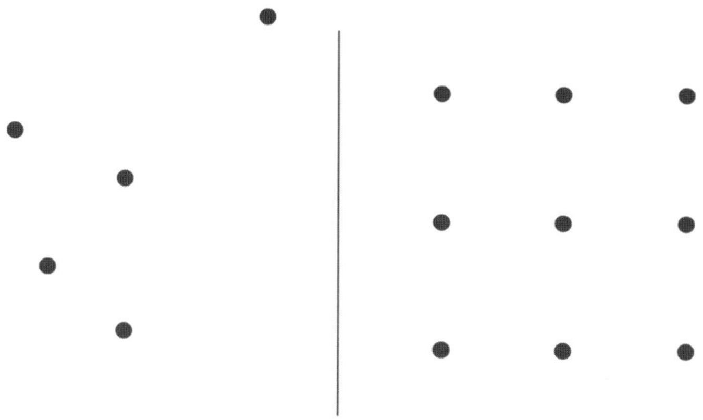

Wie geht es weiter?

„... der Mann war gut gebaut, sportlich und muskulös. Als er aus dem Flugzeug trat, warf er einen erstaunten, fast misstrauischen Blick auf das Rollfeld und das angrenzende moderne Empfangsgebäude, welches erst vor drei Monaten fertiggestellt worden war. „Ich habe einen Fehler gemacht, dachte der Mann, ich hätte niemals ohne Jane herkommen sollen!" Mit etwas unsicheren Schritten stieg der Mann die Gangway herunter, erst jetzt konnte man sehen, wie sich sein neuer Anzug um seine Schultern spannte. Und wie groß er war, ein richtiger Hüne. Auf dem Rollfeld angelangt, sprang er mit einem behänden Satz in den wartenden Bus, seinen Aktenkoffer immer noch fest im Griff seiner rechten Hand. Einer Hand, die Zupacken gewohnt war. Wenig später entließ der Bus seine Fahrgäste am Terminal. Der Mann folgte den anderen Reisenden zur Gepäckausgabe mit

einer Miene, die vor allem Unbehaglichkeit ausdrückte. Am Gepäckband flammte gerade die Flugnummer auf und wenig später setzte sich das Band in Bewegung. Der Mann schüttelte kaum merklich den Kopf und dachte wehmütig an Jane. Plötzlich blieb sein Blick an einem Plakat hängen. Es zeigte einen üppigen tropischen Wald unter einer strahlenden Sonne und kündigte einen Kongress zum Schutz des Regenwalds am kommenden Tag an. Der Anflug eines Lächelns klärte sein Gesicht auf und er wendete sich wieder dem unermüdlichen Gepäckband zu. Ein kleiner, altmodischer Aluminiumkoffer, den offensichtlich keiner der Wartenden haben wollte, verschwand gerade wieder in der Gummiwand am Ende des Bandes.

Mit einem markerschütternden Schrei sprang der Mann auf das Band und hechtete hinter dem Koffer her. Als er wenig später wieder zum Vorschein kam, den Koffer an sich gepresst, erwarteten ihn bereits drei Sicherheitskräfte. „Sind Sie verrückt?“, schrie der erste. „Können Sie sich ausweisen?“, schrie der zweite. „Wie heißen Sie?“, schrie der dritte. „Man nennt mich Tarzan“, sagte der Mann und legte sein Gepäck bedächtig am Boden ab …

Und wie geht's weiter? Das liegt an Ihnen – stellen Sie sich vor, wie die Geschichte weitergeht.

5.2 Versuchen Sie sich doch einmal als Werbetexter!

Ihr – sehr impulsiver – Chef hat Sie mit der Vermarktung einer neuen Produktserie von Körperpflegeprodukten „für sie und ihn" beauftragt. Gleichzeitig hat er bereits einige Prominente für die Kampagne verpflichtet. Auf seinen ausdrücklichen Wunsch müssen Sie nun für jeden der Prominenten einen Text konzipieren, der in einem Satz erläutert, warum dieser sich für das neue Produkt entschieden hat.

***Die Werbeträger sind:** Frank Sinatra – Die Jungfrau von Orléans – Asterix – Richard Löwenherz – King Kong – Winnetou*

5.3 … und jetzt als Anlageberater!

Christopher Columbus hat gerade Amerika entdeckt, im Glauben, es handle sich um die indische Westküste. Unter der Hand machen sich Zweifel breit und das Gerücht, dass es sich um einen gänzlich anderen, neu entdeckten Kontinent handelt, lässt die Finanzmärkte aufhorchen. ***In welche Branchen würden Sie investieren? Was würden Sie empfehlen? Aus damaliger Sicht – und aus heutiger Sicht?***

Eine Deutsche, ein Schotte, ein Franzose, eine Italienerin, ein Chinese, ein Grieche und eine Amerikanerin kaufen eine bisher unbewohnte Insel, um auf ihr zu leben. Um was werden sich die einzelnen Personen kümmern?

die Deutsche	
der Schotte	
der Franzose	
die Italienerin	
der Chinese	
der Grieche	
die Amerikanerin	

Bitte formulieren Sie eine alltagstaugliche Gebrauchsanweisung zur richtigen Benutzung eines Stuhls.

5.4 Hier muss eine clevere Lösung her!

Sie sind ein begnadeter Porträtmaler des 19. Jahrhunderts und sollen ein Porträt des Königs höchstselbst malen. Selbstverständlich muss dieses Porträt realistisch sein, vor allem aber den König als gutaussehend verewigen. Jetzt hat der König aber einen Buckel, außerdem fehlt ihm ein Auge. In welcher Pose/ bei welcher Tätigkeit stellen Sie ihn standesgemäß dar? Aber Vorsicht! Ihre Vorgänger sind alle hingerichtet worden, weil der Buckel beziehungsweise das fehlende Auge zu erkennen war.

5.5 Und hier ein kleiner Ebenenwechsel

Autos werden letztendlich weniger wegen der technischen Daten gekauft als wegen Ausstattung, Design und Image. Computer dagegen werden ausschließlich über ihre technische Ausstattung vermarktet.

Sie sollen nun Computer konzipieren, welche sich nach den Gepflogenheiten des Automarktes auf dem Markt behaupten sollen.

Ihre Firma zieht in neue, zentraler gelegene Verwaltungsgebäude. Die Büros sind deutlich größer, es stehen Ihnen aber nur fünf abgeschlossene Büros für die Abteilungen Ihrer Firma zur Verfügung. Welche Abteilungen werden Sie in einem gemeinsamen Büro einquartieren?

Marketing	Personal
Einkauf	Rechnungswesen
Produktentwicklung	Akquise
Arbeitsorganisation	Kundenbetreuung
Hauptverwaltung	Logistik

Wie viele Dreiecke und Quadrate sehen Sie hier?

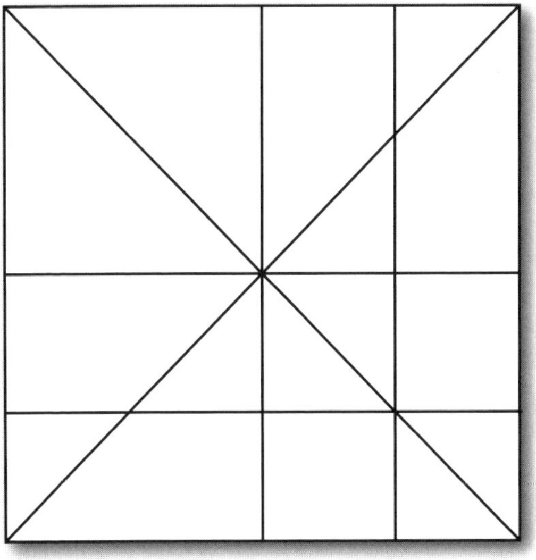

Dreiecke	
Quadrate	

Während einer nächtlichen Fahrt entlang eines schottischen Sees watschelt plötzlich ein riesiges, schwabbeliges, algenbewachsenes Monster über die Straße. Ihr Ausweichmanöver endet in der Leitplanke, bis Sie ausgestiegen sind, ist das Monster verschwunden. Wenig später hält eine Polizeistreife.

Was werden Sie den Ordnungshütern sagen?

....

....

....

....

....

....

Zur Belohnung, dass Sie diese Übungen gemacht haben – oder wenigstens durchgeblättert haben – erzähle ich Ihnen hier noch meine Lieblingsstory zur Kreativität. Angewandte Kreativität im High-End-Bereich!

Sie stammt aus einer ethnologisch-medizinischen Studie über die Macht von Schamanen in traditionellen afrikanischen Gesellschaften. Diese Macht beruht auf der absoluten Autorität und Glaubwürdigkeit, die Schamanen indigener Völker genießen.

In einem traditionellen Dorf war ein Mord geschehen und die Dorfgemeinschaft rang dringend um Aufklärung des Verbrechens. Glücklicherweise lebte ein äußerst angesehener Schamane in einem Nachbardorf. Man trat in Kontakt mit ihm und er sagte zu, den Mord aufzuklären. Er fügte allerdings hinzu, dass seine Macht alleine dazu nicht ausreiche, er aber eine Ziege habe, die den Mörder zuverlässig identifizieren werde. Ein Tag wurde bestimmt, an dem der Schamane das Dorf besuchen würde, dort sollten – das war Bedingung – sämtliche Bewohner, Männer, Frauen, Kinder, auf ihn warten.

Der Tag kam, mit ihm der Schamane und mit diesem eine kleine schwarze Ziege. Nach einem kurzen Ritual erklärte der Schamane, dass nun jeder die Ziege streicheln müsse. Sobald aber der Mörder sie berühren würde, würde sie in heftiges Gemecker ausbrechen.

Schließlich hatte das ganze Dorf die Ziege gestreichelt, reagiert hatte die Ziege aber nicht. Sie war still geblieben. Ratlos wandten sich die Dorfbewohner an den Schamanen, der sie lediglich bat, ihre Hände vorzuzeigen. Die Ziege war nämlich mit schwarzer Farbe getränkt worden und tatsächlich waren alle Hände geschwärzt. Bis auf ein Paar …

5.6 Auflösungen

Seite 53: Welche Formen sind identisch?

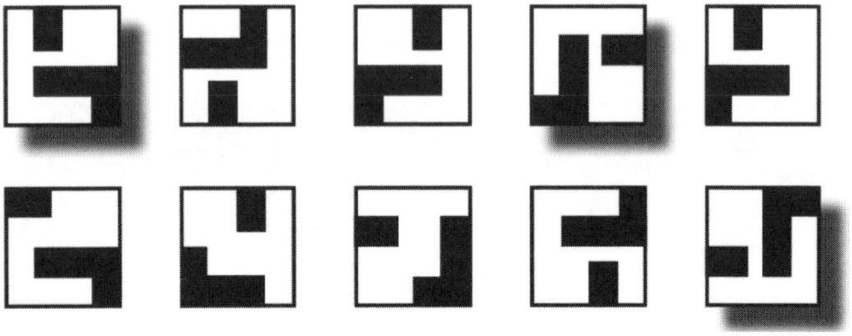

Seite 53: Die Buchstabenpaare stammen aus folgenden Firmen:

sk Jack Wolfskin	te Intel	AH Deutsche Bahn	AD Prada
ie Miele	og Google	LB LBBW	EM Siemens

Seite 57: Diese Fotografie wurde an zwei Stellen manipuliert, die jeder finden kann: hier das Original. Der Schatten hinter dem Tonkrug ist unmöglich, und der Schatten auf der Treppe widerspricht dem Schattenwurf des Geländers am oberen Pfosten.

Seite 58: An diesen fünf Stellen haben sich die Fehler eingeschlichen:

Seite 155: Welcher Begriff passt nicht in die Reihe:

Franken, Dollar, Euro, Yen, Lira	Lira
Lichtmast, Zypresse, Leuchtturm, Antenne, Kran	Zypresse
schlummern, schlafen, liegen, pennen, träumen	liegen
Niete, Nagel, Schraube, Öse, Klammer	Öse
Sachen, Nachen, Drachen, Krachen, Rachen	Krachen

Seite 155: Setzen sie bitte diese Reihen fort:

3, 5, 8, 13, 21, 34, …	89	144	233
B, D, F, H, …	J	L	N
J, F, M, A, … (Monatsnamen)	M	J	J
1, 6, 3, 18, 9, …	54	27	162

Seite 155: Was verbindet diese Begriffe?

Rose, Rochen, Wespe …	… haben einen Stachel.
Härtetest, Triest, Bergfest …	… enden mit „est“.
Tritt, Split, schon …	… sind einsilbige Wörter mit fünf Buchstaben.
Becken, Leitung, Tank …	… enthalten Wasser.
Nennen, Löffel, Bergab …	… beginnen und enden mit dem gleichen Buchstaben.

Seite 156: Folgende Begriffe ergeben eine Verbindung:

Hirn	Harn	hart	Halt	Hals	Haus
Boden	baden	laden	Waden	Wagen	Wagon
Fall	Ball	bald	Wald	Wild	Bild
Lager	Nager	Nagel	Nadel	Nudel	Pudel
Heidi	Heide	Weide	werde	Werte	warte
Socken	Locken	lochen	lachen	machen	Macken

Seite 157: Verbinden Sie bitte diese Punkte miteinander mit geraden Linien, sodass jeder Punkt auf einer Linie liegt. Bei der linken Übung stehen Ihnen drei Linien zur Verfügung, bei der rechten vier:

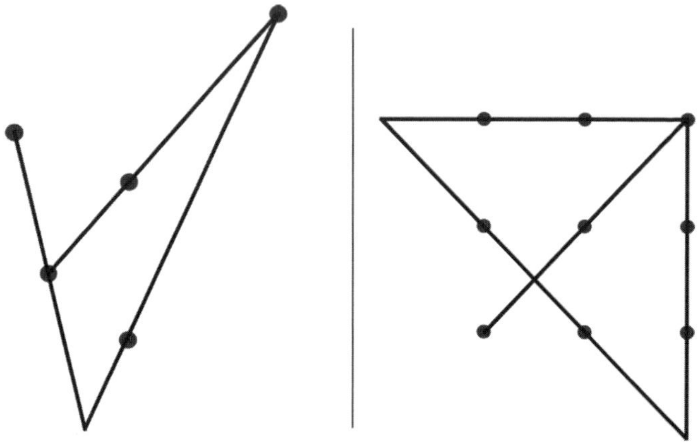

Seite 163: Wie viele Dreiecke und Quadrate sehen Sie hier?

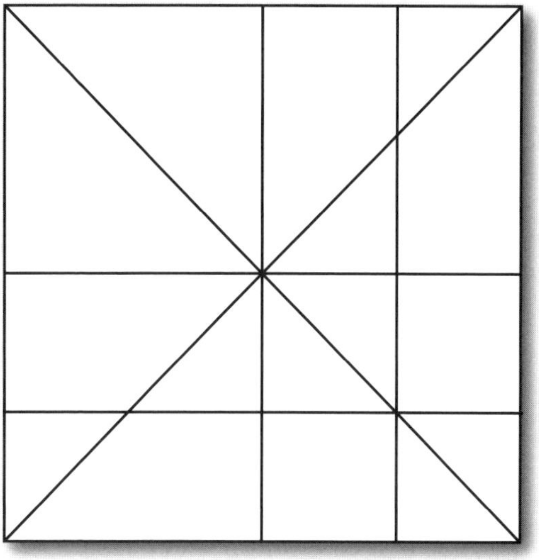

Dreiecke	20
Quadrate	9

Danksagung

Ich möchte hier den Menschen danken, die wesentlich zum Entstehen dieses Buches beigetragen haben, und zwar:

Irmie Deville, Wilhelm Greiner, Cecilia Kunle, Eva Madjarov, Cornelia Nillies-Traub, Carmen Schüle und Mara Traub.

Auch Gerhard Gieschen, Martin Lebek, Giorgos Pediaditakis, Dimitra Siuobara, Giorgos Vardakis und Lothar Volkelt möchte ich für wertvolle Anregungen und Unterstützung danken.